Hast du einen an der Waffel?!

85 Rezepte auf deinem Weg zum Gaumenkönig

GAUMENKÖNIG

1. Auflage

2021

Inhaltsverzeichnis

Einleitung

Willkommen in der wunderbaren Welt der Waffeln. In diesem Buch wird es nur um eines gehen: Waffeln! Waffeln begeistern unsere Bevölkerung seit Jahrhunderten. Mittlerweile gibt es bei den Waffeln jedoch große Unterschiede und eine Vielzahl an unterschiedlichen Waffelgerichten, die sich jedes Jahr weiterentwickeln. Genau diese Rezeptvielfalt werden wir dir in diesem Kochbuch vorstellen. Wir zeigen dir die Cremé de la Cremé der Waffelrezepte. Unsere 85 Favoriten, aufgeteilt in die folgenden Kategorien:

Klassisch

Fruchtig, süß

Herzhaft

Vegan

Low Carb Protein/Fitness

„Waffeln ohne…“ (für Unverträglichkeiten)

Jahreszeiten

Mit Alkohol

Gaumenkönig

Gaumenkönig besteht aus zwei Hobbyköchen, die ihre Leidenschaft zum Kochen auf diesem Weg mit anderen Menschen teilen. Wir möchten uns herzlich für deinen Kauf unseres Buches bedanken!

Als Dankeschön haben wir für dich drei Geschenke, die du jetzt kostenlos herunterladen kannst. Scanne dazu einfach die jeweiligen QR-Codes.

Gratis E-Book

7 leckere Sandwich Rezepte zum Nachmachen und Genießen!

Jetzt QR-Code scannen

Checkliste für Küchengeräte

Mit diesen Waffeleisen und Küchenhelfern werden deine Waffeln zur absoluten Geschmacksexplosion!

Jetzt QR-Code scannen

Leeres Rezeptbuch

Schreibe deine eigene Waffel-Geschichte mit unserer Rezeptvorlage. Einfach ausdrucken und deine persönlichen Lieblingsrezepte eintragen.

Jetzt QR-Code scannen

DEIN FEEDBACK IST UNS WICHTIG!

Wenn dir das Buch gefällt, dann freuen wir uns sehr über eine Bewertung und ein ehrliches Feedback, weil wir dadurch unsere Bücher konstant verbessern können. Hier kannst du dein Feedback direkt abgeben:

Köstliche Grüße und vielen Dank!

Schaue gerne auf unserem Instagram-Profil vorbei und sende uns einen lieben Gruß aus der Waffelküche (@gaumenkoenig).

Aufbau des Buches

Das Buch beginnt mit klassischen Waffelrezepten und steigert sich dann im Schwierigkeitsgrad bis hin zum Gaumenkönig. Diese Rezepte sind nur etwas für erfahrene Waffelbäcker.

Schwierigkeitsgrade:

 Leicht

 Mittel

 Gaumenkönig

Zubereitungsdauer: 

Zubereitungszeit in Minuten

Portionen: (Anzahl der Waffeln)

Waffel-Tipp: Zu jedem Rezept erhältst du Anregungen zum Rezept oder Wissenswertes und lernst somit die Welt der Waffeln noch besser kennen.

Wo sind die Waffelbilder?

Wie immer stellt sich bei einem Buch die Frage, ob man es in Farbe oder Schwarz-Weiß druckt. Wir haben uns entschieden, die Einsparung der Druckkosten und Kosten für die Erstellung der Fotos direkt an unsere Kunden weiterzugeben, um somit einen günstigen Verkaufspreis garantieren zu können. Die Qualität der Rezepte wird dadurch nicht beeinflusst und wir sparen Papier im Sinne der Nachhaltigkeit. Alle Rezepte sind mit Schritt für Schritt Anleitungen versehen, damit das Nachbacken möglichst einfach ist. Wir hoffen, dass du dafür Verständnis hast und wünschen dir ganz viel Spaß mit unseren Lieblingswaffeln.

Tipps und Tricks

Die richtige Ausrüstung

Das wichtigste beim Waffeln backen ist das richtige Equipment. Niemand mag es, wenn die Waffel anbrennt, weil man ein zu günstiges oder zu altes Waffeleisen hat und die Antihaftbeschichtung nicht funktioniert. Der Klassiker im deutschsprachigen Raum ist das gute, alte Herzwaffeleisen. Auch sehr beliebt sind die rechteckigen belgischen Waffeln. In den letzten Jahren werden allerdings auch Bubble-Waffeln und Stiel-Waffeln immer beliebter. Alle Rezepte in diesem Buch sind für jedes Waffeleisen geeignet. Beim Kauf des Waffeleisens solltest du dir also überlegen, welche Waffelform du auswählst. Ein hochwertiges Waffeleisen zeichnet sich meistens schon durch das Gewicht der Heizplatten aus. Weiterhin sind Materialien wie Edelstahl leichter zu reinigen als andere. Waffeleisen mit herausnehmbaren Waffelplatten sind einfacher zu reinigen. Versuche nicht mit einem rauen Schwamm oder scharfen Gegenständen die Waffelreste aus dem Waffeleisen zu kratzen. Ansonsten kann sich die Beschichtung lösen und dadurch in die Waffeln gelangen. Die Waffeln können auch mit einem günstigen Waffeleisen traumhaft schmecken und ein teurer Preis ist nicht immer ein Indikator für das perfekte Waffeleisen. Wir empfehlen mit einem Einsteigermodell anzufangen, welches über Temperaturregelung und einen Timer verfügt. Wenn du noch auf der Suche nach einem Waffeleisen bist, kannst du dir gerne unsere Empfehlungen herunterladen auf der Gaumenkönig Seite auf Gumroad: https://gaumenkoenig.gumroad.com/l/rbQqZk - klicke einfach auf den Link und lade dir die Checkliste gratis herunter. Die Angaben zu Backzeiten und Mengen der Waffeln bezieht sich auf ein Standard-Herzwaffeleisen. Außerdem benötigst du eine Küchenwaage, um die Zutaten abzuwiegen. Ein Mixer ist für die meisten Rezepte einem Rührbesen vorzuziehen. Für noch mehr Back-Komfort empfehlen wir die Verwendung einer Kitchenaid.

Der Teig

Wenn der Teig dir zu flüssig erscheint, dann füge etwas Mehl hinzu. Wenn der Teig zu fest ist, dann kannst du etwas Milch hinzugeben. Ob der Teig die richtige Konsistenz hat, merkst du, wenn der Teig gerade noch cremig vom Löffel läuft. Die richtige Menge des Teiges ist entscheidend, damit du eine schöne, knusprige Waffel erhältst ohne, dass der Teig im Waffeleisen überläuft. Die Backzeit der Waffel variiert sehr stark je nach Zutaten. Je nach Zutaten und Temperatureinstellung kann die Backzeit der Waffeln zwischen 3-10 Minuten betragen. Gemüsewaffeln benötigen zum Beispiel mehr Zeit im Waffeleisen. Manche Waffeln benötigen Knethaken zur Zubereitung, wieder andere sind für spezielle Waffeleisen. Wenn du es dir finanziell leisten kannst, würden wir uns freuen, wenn die Rezepte mit Eiern aus Freilandhaltung gebacken werden und das Obst und Gemüse möglichst aus regionalem Anbau stammt. Wenn du geduldig bist, kannst du das Eiweiß immer schaumig schlagen und dann mit einem Kochlöffel unter den Teig rühren. Nimm bitte nicht den Mixer, da sonst der Effekt verloren gehen würde und der Teig nicht mehr so fluffig ist. Wenn du die Waffel aus dem Waffeleisen nimmst, dann verwende bitte Holz, um die Heizplatten nicht zu zerkratzen.

Waffel-Hacks

Einfrieren:

Wenn Waffeln übrig bleiben, dann friere die Waffeln einfach ein. Zum Aufwärmen kannst du die Waffeln in den vorgeheizten Backofen legen bei 200 °C für 5-7 Minuten.

Warmhalten:

Manche Rezepte erfordern nach dem Backen der Waffeln zusätzliche Arbeitsschritte. Um keine kalten Waffeln zu essen, kannst du die Waffeln einfach bei 80 °C im Ofen warmhalten

Mehlklumpen vermeiden:

Um Mehlklumpen zu vermeiden, ist es hilfreich das Mehl und ggf. Backpulver oder Stärke zu sieben, bevor du es langsam zum Teig hinzufügst.

Fun Facts

Das erste Patent für ein Waffeleisen wurde am 24. August 1869 auf Cornelius Swarthout ausgestellt. Der Tag gilt heute in den USA als Tag der Waffel.

In Schweden ist der Tag der Waffel am 25. März. Das sind schon mal zwei Tage im Jahr an denen du das Waffeleisen aus dem Schrank holen solltest. Dabei sollte es aber nicht bleiben!

Wusstest du, dass Nike im Jahr 1971 bei den ersten Laufschuhen ein Waffeleisen einsetzte, um die Schuhsohle mit dem richtigen Profil auszustatten?

Der Weltrekord für die meisten gegessenen Waffeln in 10 Minuten liegt bei 29. Wirst du den Rekord knacken?

Die schwerste Waffel der Welt wurde 2013 in den Niederlanden gebacken, wog fast 50 kg und hatte mehr als 2 Meter Durchmesser

Mir fehlt eine Zutat – Was nun?

Wer kennt es nicht - Du suchst dir am Sonntag deine Lieblingswaffeln aus und eine Zutat fehlt! Um deinen Sonntag zu retten, kannst du folgende Zutaten untereinander ersetzen.

Zutat	**alternative Zutaten**
Ei	Eiersatz, Chiasamen, Apfelmark, Banane, Leinsamen
Milch	Hafermilch, Sojadrink, Mandelmilch, laktosefreie Milch
Zucker	Xylit, Erythrit, Kokosblütenzucker, Agarvendicksaft, Xucker
Weizenmehl	Haferflocken, Dinkelmehl, Vollkornmehl, Buchweizenmehl
Backpulver	Natron + Zitronensaft o. Joghurt
Speisestärke	Kartoffelmehl, Puddingpulver
Butter	Öl, Margarine
Backpulver	Eischnee
Joghurt	Skyr

Wie gelingt die beste Waffel?

Richtige Waffeln müssen saftig sein. Ohne Butter gelingt es einfach nicht so gut. Etwa 25 g pro Waffel ist ein Richtwert, falls du selbst experimentieren möchtest. Die Butter sollte nach Möglichkeit bei Zimmertemperatur verarbeitet werden. Um die Waffeln schön fluffig hinzubekommen, empfehlen wir die Eier zu trennen und das Eiweiß steif zu schlagen und dann als letzte

Zutat wieder unterzuheben. Um die Waffel schön knusprig zu bekommen, kannst du 1/3 der Milch durch Mineralwasser ersetzen. Die Waffel zum Abkühlen nicht abdecken und auch nicht stapeln, da sie sonst weich werden.

Was muss ich bei der Reinigung beachten

Bei der Reinigung hilft dir die Antihaftbeschichtung deines Waffeleisens. Reinige das Waffeleisen keinesfalls unter fließendem Wasser oder in der Spülmaschine. Am besten nimmst du einen Lappen mit etwas Spülmittel und reinigst damit die Waffelplatten. Anschließend reinige bitte alles mit klarem Wasser.

Die besten Toppings

Bei den Waffeltoppings gibt es ein sehr breites Spektrum von süß bis herzhaft, von kalt bis warm. Wir möchten dir hier einen kleinen Überblick geben, welche Toppings wir dir empfehlen. Übrigens machen wir das im gesamten Buch. Oftmals haben wir unsere Ideen für Toppings in dem Waffel-Tipp festgehalten. Hier findest du eine Liste von Toppings, die dir vielleicht gefallen könnten:

- Bananen, Erdbeeren, Kiwi, Mango, Himbeeren
- Mandelmus, Erdnussbutter
- Sirup, Honig,
- Karamellsoße, Schokoladensoße, Vanillesoße
- Schokoladenaufstrich, Schokoladenstreusel, Schokoladenriegel
- Kokosraspeln
- Puderzucker
- Zimt

Klassisch

Grundrezept von Oma

(zehn Waffeln)

Zutaten:

- 3 Eier
- 120 g Zucker
- 120 g Margarine
- 1 Pck Vanillezucker
- 1 TL Backpulver
- 250 g Mehl
- 250 ml Milch
- 1 Pr Salz

Zubereitung:

1. Eier, Zucker und Vanillezucker mit einem Mixer zu einer cremigen Masse verrühren.
2. Margarine hinzufügen und alle Zutaten gut miteinander vermengen.
3. Backpulver, Mehl, Milch und Salz gemeinsam hinzugeben.
4. Teig gut durchmixen.
5. Waffeln portionsweise im vorgeheizten, gefetteten Waffeleisen goldgelb ausbacken.
6. Servieren und genießen!

-Tipp: Wenn du nicht alle Waffeln direkt verzehrst, friere die Waffeln einfach eingeschlagen in Backpapier in einem Gefrierbeutel ein und backe sie nach Bedarf bei 220 °C Umluft im Ofen auf.

Brüsseler Waffeln

60

(sechszehn Waffeln)

Zutaten:

- 500 ml Milch
- 1 Würfel frische Hefe (42 g)
- 500 g Mehl
- 100 g Zucker
- 1 Pck Vanillezucker
- 1 Pr Salz
- 75 g Butter
- 4 Eier, getrennt
- Öl für das Waffeleisen
- 2 TL Puderzucker zum Bestäuben

Zubereitung:

1. Im ersten Schritt die Milch in einem Topf lauwarm erwärmen.
2. Anschließend den Topf vom Herd nehmen und die Hefe hineinbröseln und unter Rühren lösen.
3. Mehl, Zucker, Vanillezucker und 1 Prise Salz in einer separaten großen Schüssel vermischen.
4. Die Hefemilch hinzufügen und den Teig mixen.
5. Den Teig zugedeckt an einem warmen Ort ca. 45 Min. gehen lassen.
6. Butter schmelzen und für ca. 10 Min. abkühlen lassen. Eier trennen und das Eigelb verquirlen.
7. Eiweiß mit dem Schneebesen des Mixers steif schlagen.
8. Eigelb und die flüssige Butter zum Teig hinzugeben.
9. Eiweiß portionsweise unterheben.
10. Waffeleisen vorheizen und dünn mit Öl ausstreichen.
11. Jeweils zwei EL Hefeteig bei mittlerer Hitze ausbacken.
12. Waffeln mit Puderzucker bestäuben und servieren.

-Tipp: Originale Brüsseler Waffeln besitzen eine rechteckige Form. Du kannst genauso gut ein Herzwaffeleisen zum Ausbacken verwenden oder den Teig in einer Pfanne ausbacken.

Quarkwaffeln

(acht Waffeln)

Zutaten:

- 100 g weiche Butter
- 1 Pck Vanillezucker
- 75 g Zucker
- 3 Eier, getrennt
- 250 g Quark
- 230 g Mehl
- ½ Pck Backpulver
- 1 Pr Salz
- 75 ml Mineralwasser mit Kohlensäure
- Puderzucker zum Bestäuben

Zubereitung:

1. Butter, Vanillezucker und Zucker mit einem Mixer schaumig schlagen.
2. Eier trennen und die Eigelbe unterrühren.
3. Anschließend Quark unterrühren.
4. Mehl, Backpulver und Salz mischen.
5. Mit 75 ml Mineralwasser abwechselnd unter den Teig rühren.
6. Eiweiße steif schlagen und unter den Teig heben.
7. Waffeleisen vorheizen und je ca. zwei EL Teig pro Waffel jeweils 3–4 Min. ausbacken.
8. Kurz abkühlen lassen und mit Puderzucker bestäuben.
9. Servieren und genießen!

-Tipp: Zum Ausbacken der Waffeln kannst du alternativ auch Raps- oder Sonnenblumenöl verwenden.

Belgische Waffeln - ohne Hefe

(acht Waffeln)

Zutaten:

- 150 g Butter
- 150 g Puderzucker
- 1 Pck Vanillezucker
- 4 Eier, getrennt
- 250 g Mehl
- ½ Pck Backpulver
- 150 ml Mineralwasser mit Kohlensäure

Zubereitung:

1. Butter, Puderzucker und Vanillezucker cremig mixen.
2. Eigelb dazugeben und schaumig schlagen.
3. Mehl und Backpulver mischen und abwechselnd mit dem Mineralwasser hinzugeben.
4. Eiweiß steif schlagen.
5. Geschlagenes Eiweiß vorsichtig unterrühren.
6. Teig für 30 Min. im Kühlschrank ruhen lassen.
7. Waffeln anschließend im vorgeheizten, eingefetteten Waffeleisen ausbacken.
8. Servieren und genießen!

-Tipp: Für Originale Belgische Waffeln empfehlen wir die Nutzung eines rechteckigen Waffeleisens. Lade dir hierfür unsere Checkliste für Küchengeräte kostenlos herunter!

Fruchtig & Süß

Dinkel-Waffeln mit heißen Kirschen

50

(zehn Waffeln)

Zutaten:

- 3 Eier, getrennt
- 30 g Zucker
- 1 TL Vanillezucker
- 250 g Dinkel-Vollkornmehl
- ½ Pck Backpulver
- 500 ml Buttermilch
- 50 g flüssige Butter
- 1 Prise Salz
- Puderzucker zum Bestäuben

Topping:

- 2 EL Speisestärke
- 250 g Sauerkirschen
- 1 Bio-Zitrone
- 1 TL Zimt

Zubereitung:

1. Kirschen in einem Sieb abtropfen lassen und dabei den Saft auffangen. Zitrone heiß abwaschen und abtrocknen.
2. Schale der Zitrone abreiben und den Saft auspressen.
3. Kirschsaft mit Zimt im Topf erwärmen und 3 Min. köcheln lassen.
4. Speisestärke in einem separaten Gefäß mit 2 EL Zitronensaft anrühren und anschließend in den Kirschsaft geben.
5. Kirschsoße unter ständigem Rühren andicken. Kirschen und Zitronenschale hinzufügen und in einer Schüssel abkühlen lassen.
6. Für die Waffeln Eier trennen und Eigelbe mit 20 g Zucker und Vanillezucker schaumig schlagen.
7. Mehl mit Backpulver mischen.
8. Abwechselnd Buttermilch, Mehl und flüssige Butter unter die Eigelbmasse heben.
9. Eiweiß mit dem restlichen Zucker und Salz steif schlagen und unter den Teig heben.
10. Waffeleisen vorheizen und einfetten. 3 EL Teig in das Waffeleisen geben. Die Waffeln goldbraun ausbacken.
11. Waffeln mit Puderzucker bestäuben und mit den Kirschen servieren.

-Tipp: Für Schoko-Fans sind Schokostreusel auf den warmen Kirschen ein Genuss!

Heidelbeeren-Waffeln

(acht Waffeln)

Zutaten:

- 250 g Heidelbeeren
- 125 g weiche Butter
- 125 g Zucker
- 1 TL Vanillezucker
- 225 ml Milch
- 250 g Mehl
- 2 Eier
- 1 TL Backpulver
- 1 Bio-Zitrone
- 250 g Puderzucker
- Fett für das Waffeleisen

Zubereitung:

1. Zunächst das Herz-Waffeleisen vorheizen.
2. Heidelbeeren waschen und gut abtropfen lassen.
3. Die Butter mit den Schneebesen eines Mixers cremig schlagen.
4. Zucker, Vanillezucker und Eier hinzugeben und alles gut mixen.
5. Milch, Mehl und Backpulver hinzugeben und unterrühren.
6. Zitrone heiß abwaschen und trocknen.
7. Anschließend halbieren und Saft auspressen.
8. Die Schale der Zitrone abreiben.
9. Heidelbeeren und Zitronenschale unter den Teig heben.
10. Waffeleisen leicht einfetten. 2 EL Teig in die Mitte des Waffeleisens geben und für ca. 4 Min. ausbacken.
11. Zitronensaft und Puderzucker vermengen.
12. Waffeln in einzelne Herzen teilen und mit Zuckerguss beträufeln und mit Heidelbeeren dekorieren.

-Tipp: Bei Waffeln mit Früchten ist es von Vorteil, das Waffeleisen etwas mehr als üblich einzufetten, um das Festkleben der Waffeln zu vermeiden.

Vollkorn-Waffeln mit Pfirsichen

(vier Waffeln)

Zutaten:

- 125 g Dinkel-Vollkornmehl
- 50 g feine Haferflocken
- 1 TL Backpulver
- 1 Pr Salz
- 40 g weiche Butter
- 2 Eier
- 225 ml Milch (3,5 % Fett)
- 1 EL flüssiges Kokosöl

Topping:

- ½ Vanilleschote
- 2 EL Ahornsirup
- 1 EL Zitronensaft
- 10 g Minze
- 3 Pfirsiche

Zubereitung:

1. Mehl, Haferflocken, Backpulver und Salz vermengen.
2. Butter und Eier in einer weiteren Schüssel schaumig schlagen.
3. Mehlmischung und Milch abwechselnd hinzugeben und verrühren.
4. Pfirsiche waschen, trocknen, halbieren und die Kerne entfernen. Anschließend in feine Scheiben schneiden.
5. Vanilleschote längs halbieren und das Mark herauskratzen.
6. Ahornsirup, Zitronensaft und Vanillemark verrühren.
7. Minze waschen, trocknen und zupfen. Pfirsichscheiben mit dem Vanille-Dressing vermengen und die Minzblätter unterheben.
8. Etwas Kokosöl auf das vorgeheizte Waffeleisen geben und eine Kelle Teig ins Waffeleisen hinzufügen. Waffeln für ca. 3 Min. ausbacken. Anschließend die Waffeln mit den Pfirsichen anrichten.

-Tipp: Gerne kannst du auch frische Äpfel oder Birnen aus deinem Garten als Topping verwenden.

Belgische Waffeln mit Mandarinen

(zehn Waffeln)

Zutaten:

- 100 g Butter
- 200 g Dinkelmehl
- 50 g Rohrohrzucker
- 3 Eier, getrennt
- ½ Bio-Zitrone
- 100 ml Milch
- 100 ml Schlagsahne
- 1 Pr Salz
- 200 g Mandarinen
- Öl zum Einfetten

Topping:

- 150 ml Schlagsahne
- 1 Pck Vanillezucker

Zubereitung:

1. Butter und Zucker cremig rühren. Eier trennen und Eigelbe unterrühren.
2. Zitrone heiß abwaschen und Schale abreiben.
3. Mehl mit Zitronenabrieb mischen und mit Sahne und Milch abwechselnd unter die Butter-Ei-Masse mixen.
4. Eiweiße mit Salz steif schlagen und unter die Masse heben.
5. Mandarinen abtropfen lassen. 1/3 der Mandarinen pürieren und unter den Teig heben. 2/3 für das Topping zur Seite legen.
6. Waffeleisen vorheizen und leicht einfetten. Etwas Teig hineingeben und nacheinander die Waffeln goldbraun ausbacken.
7. Sahne mit dem Vanillezucker steif schlagen.
8. Waffeln mit Sahne und den Mandarinenstückchen anrichten.

-Tipp: Wir empfehlen beim Kauf von Dosenfrüchten immer auf einen möglichst niedrigen Zuckergehalt zu achten.

Waffeln mit Erdbeeren

(vier Waffeln)

Zutaten:

- 50 g Zucker
- 2 Eier
- 75 ml Milch
- 125 g Dinkel-Vollkornmehl
- ½ TL Backpulver
- ½ TL Zimt
- Öl zum Einfetten

Topping:

- 500 g Erdbeeren
- 250 g Schlagsahne
- 250 g Magerquark

Zubereitung:

1. Zucker und Eier in eine Schüssel geben und cremig schlagen.
2. Die Milch hinzugeben und unterrühren.
3. Mehl, Backpulver und Zimt in einer separaten Schüssel mischen. Zur Eiermasse hinzugeben und alles gut mixen.
4. Waffeleisen vorheizen und einfetten. Waffeln goldgelb ausbacken.
5. Erdbeeren waschen und trocknen.
6. Sahne steif schlagen.
7. Magerquark und Erdbeeren zur Sahne hinzugeben und mit dem Mixer cremig rühren.
8. Waffeln mit dem Topping anrichten.

-Tipp: Verfeinern kannst du das Rezept noch, indem du über die Erdbeeren weißes Mandelmus gibst.

Hefe-Mohn-Waffeln mit Himbeersoße

(acht Waffeln)

Zutaten:

- 250 g Mehl
- 100 g Zucker
- 1 Pck Vanillezucker
- 2 Eier, getrennt
- 1 Bio-Zitrone (abgeriebene Schale)
- 400 ml Milch
- 1 Pr Salz
- 20 g Hefe
- 3 EL Mohn
- 100 g saure Sahne
- 50 g weiche Butter
- 300 g frische Himbeeren

Zubereitung:

1. Mehl, Mohn, 65 g Zucker, abgeriebene Zitronenschale und 1 Prise Salz in eine Schüssel geben.
2. Milch in einem Topf erhitzen und vom Herd nehmen. Hefe in die Milch zerbröseln.
3. Vanillezucker hinzugeben und rühren, bis sich die Hefe aufgelöst hat.
4. Hefemilch, saure Sahne, weiche Butter und Eigelbe zum Mehlgemisch dazugeben. Zutaten mit Mixer ca. 3 Min. vermengen. Den Teig zugedeckt 30 Min. bei Zimmertemperatur gehen lassen.
5. Himbeeren mit dem Stabmixer pürieren, durch ein feines Sieb streichen und den restlichen Zucker hinzugeben.
6. Eiweiß mit 1 Prise Salz steif schlagen und unter den Teig heben.
7. Waffeln im vorgefetteten Waffeleisen für jeweils 3-4 Min. ausbacken und mit Himbeersoße servieren.

-Tipp: Zu dem Rezept passt sehr gut eine Kugel Vanilleeis oder Pistazieneis.

Waffeln mit Blaubeersahne

(sechszehn Waffeln)

Zutaten:

- 250 g weiche Butter
- 120 g Zucker
- 1 Prise Salz
- 5 Eier
- 500 g Mehl
- 2 TL Backpulver
- 250 ml Milch

Topping:

- 500 g Joghurt
- 150 ml Sahne
- 250 ml Ahornsirup
- 150 g Blaubeeren

Zubereitung:

1. Butter, Zucker und das Salz zusammen mit einem Mixer cremig rühren.
2. Eier nach und nach hinzugeben und unterrühren.
3. Mehl mit dem Backpulver mischen und abwechselnd mit der Milch unter ständigem Rühren zum Teig geben.
4. Waffeln im leicht eingefetteten, vorgeheizten Waffeleisen ausbacken.
5. Sahne für die Blaubeersahne steif schlagen und mit dem Ahornsirup und dem Joghurt vermengen.
6. Die Hälfte der Blaubeeren pürieren.
7. Das Püree zur Sahne geben und die Masse vermengen.
8. Blaubeersahne mit den restlichen Blaubeeren auf den Waffeln anrichten.
9. Servieren und genießen!

-Tipp: Wenn du die doppelte Menge an Zutaten nimmst, kannst du die restlichen Waffeln einfrieren und ganz einfach nach dem Auftauen wieder im Waffeleisen erwärmen.

Schoko-Waffeln mit Sahne

(vier Waffeln)

Zutaten:

- 150 g Dinkelmehl
- 3 EL Kakaopulver
- ½ Pck Backpulver
- 15 g Zucker
- 1 Pr Salz
- 3 EL Öl
- 200 ml Milch
- 2 Eier
- 100 ml Mineralwasser mit Kohlensäure

Topping:

- 50 g Schlagsahne
- 1 TL Puderzucker zum Bestäuben

Zubereitung:

1. Mehl, Kakaopulver, Backpulver, Zucker und Salz in eine Schüssel geben. 2 EL Öl, Milch und Eier hinzufügen. Alles gut vermengen. Mineralwasser hinzugeben.
2. Waffeleisen vorheizen, mit etwas Öl einstreichen und nacheinander die Waffeln ausbacken.
3. Sahne steif schlagen.
4. Waffeln mit Schlagsahne und Puderzucker dekorieren.
5. Servieren und genießen!

-Tipp: Als Alternative zur Sahne empfehlen wir die Dekoration mit Bananenscheiben.

Orangen-Waffeln

(sieben Waffeln)

Zutaten:

- 100 g weiche Butter
- 100 g Puderzucker
- 1 Pr Salz
- 3 Eier
- 125 g Mehl
- ½ TL Backpulver
- 100 g gemahlene Mandeln
- 150 ml Orangensaft
- Fett für das Waffeleisen
- Puderzucker zum Bestäuben

Zubereitung:

1. Butter, Puderzucker und Salz schaumig schlagen. Eier einzeln unterrühren.
2. Mehl und Backpulver separat mit den Mandeln vermengen und abwechselnd mit Orangensaft unter die schaumige Eiermasse rühren.
3. Waffeleisen vorheizen und einfetten.
4. 3-4 EL Teig in das Waffeleisen geben und die Waffel für ca. 3 Min. ausbacken.
5. Waffeln mit Puderzucker bestäuben.

-Tipp: Unsere Topping-Empfehlung für dieses Rezept lautet Kürbis! Die Kombination aus süß und herzhaft ist ein echtes Geschmackserlebnis!

Waffeln mit Maracuja-Creme

50

(acht Waffeln)

Zutaten:

- 200 g Dinkel-Vollkornmehl
- ½ Pck Backpulver
- 1 Prise Salz
- 50 g Butter
- 150 ml Milch
- 100 g Apfelmark
- 40 g Honig
- 4 Eier

Creme:

- 100 g Joghurt
- ½ Vanilleschote
- 250 g Quark
- 3 Maracujas

Zubereitung:

1. Mehl, Backpulver und Salz zusammengeben.
2. In einer separaten Schüssel Butter, Milch, Apfelmark, Honig und Eier cremig rühren.
3. Die Mehlmischung unter die Milchmischung geben. Den Teig etwa 20 Min. quellen lassen.
4. Die Vanilleschote längs aufschneiden und das Mark herauskratzen.
5. Den Joghurt mit Vanillemark und Quark glattrühren.
6. Maracujas halbieren und die Kerne mit dem Fruchtmark hinzufügen.
7. Alles gut miteinander vermengen.
8. Das Waffeleisen vorheizen und leicht einfetten.
9. Pro Waffel 2–3 EL Teig ausbacken.
10. Waffeln mit der Creme anrichten.

-Tipp: Toppe die fertigen Waffeln mit gehackten Pistazien – einfach lecker und super gesund!

Waffeln mit Beeren Topping

(vierzehn Waffeln)

Zutaten:

- 250 g weiche Butter
- 75 g Zucker
- 4 Eier
- 1 Pr Salz
- 250 ml Milch
- 400 g Mehl
- 1 TL Backpulver
- Pflanzenöl für das Waffeleisen

Topping:

- 150 g gemischte Beeren
- 250 g weiße Kuvertüre
- 125 ml Schlagsahne
- 100 g Frischkäse

Zubereitung:

1. Falls Tiefkühlfrüchte verwendet werden, diese zuerst auf einem Teller auftauen.
2. Die Kuvertüre in kleine Stücke hacken und in eine Schüssel geben.
3. Sahne aufkochen und damit die Kuvertüre übergießen. Verrühren, bis die Schokolade geschmolzen ist.
4. Die Mischung für 30 Min. in den Kühlschrank stellen.
5. Butter, Zucker, Eier und Salz schaumig schlagen. Milch unterrühren.
6. Mehl mit dem Backpulver hinzugeben und gut vermengen.
7. Das Waffeleisen vorheizen und mit etwas Öl einpinseln. Je Waffel 2-3 EL Teig hinzufügen.
8. Die gekühlte Kuvertüre-Sahne-Mischung cremig schlagen. Den Frischkäse glattrühren und ihn unter die Mischung geben. Die Beeren dazugeben und die Waffeln mit dem Topping servieren.

-Tipp: In der Saison empfehlen wir die Zugabe von frischen regionalen Früchten.

Apfel-Zimt-Waffeln

(sechs Waffeln)

Zutaten:

- 125 g Butter
- 125 g Zucker
- 3 Eier
- 1 Pck Vanillezucker
- 1 Tl Backpulver
- 200 g Mehl
- 2 Äpfel
- 1 Tl Zimt
- 175 ml Milch

Zubereitung:

1. Butter mit dem Zucker und Vanillezucker schaumig schlagen.
2. Eier hinzufügen und alles auf höchster Stufe vermengen, bis die Masse schaumig wird.
3. Mehl, Backpulver und Zimt abwechselnd mit Milch unter den Teig mischen.
4. Äpfel waschen und entkernen. Die Äpfel grob raspeln. Äpfel in den Teig hinzufügen.
5. Waffeleisen vorheizen und leicht einfetten.
6. Je 2-3 El Teig zu einer Waffel ausbacken.

-Tipp: Mit Backtrennspray brennen dir keine Waffeln mehr an. Unsere Empfehlung für ein veganes Backspray findest du hier: https://gaumenkoenig.gumroad.com/l/rbQqZk

Karamell-Schoko-Waffeln

(acht Waffeln)

Zutaten:

- 100 g weiche Butter
- 50 g Zucker
- 1 Pck Vanillezucker
- 3 Eier
- 1 Pr Salz
- 250 g Dinkelmehl
- 1 TL Backpulver
- 150 g Joghurt
- 125 ml Milch
- Öl für das Waffeleisen

Topping:

- 150 g Zartbitterschokolade
- 150 g weiche Karamellbonbons
- 250 ml Schlagsahne

Zubereitung:

1. Zunächst die Bonbons zerkleinern. Die Sahne schmelzen und die Bonbons unter Rühren einköcheln lassen. Soße auskühlen lassen.
2. Butter, Zucker, Vanillezucker und Salz mit einem Mixer cremig schlagen.
3. Die Eier unterheben.
4. Mehl und Backpulver mischen.
5. Joghurt und Milch unterrühren.
6. Waffeleisen erhitzen und einölen.
7. Je Waffel ca. 2 EL Teig ausbacken.
8. Schokolade zerkleinern und im Wasserbad schmelzen.
9. Einzelne Waffeln in die Schokolade tauchen. Nach dem Trocknen die Waffeln mit Karamellsoße servieren.

-Tipp: Nutze einen Holzlöffel, um die Waffeln vom Waffeleisen zu lösen, somit wird die Beschichtung nicht beschädigt.

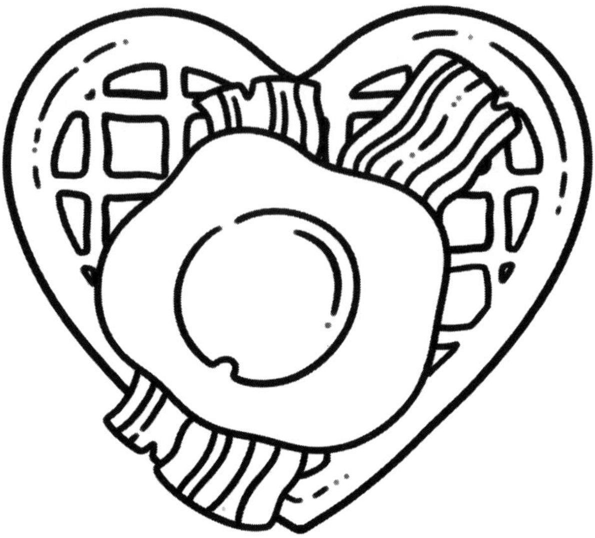

Herzhaft

Frühstücks-Waffeln mit Käse

(fünf Waffeln)

Zutaten:

- 30 g Butter
- 150 g Dinkelmehl
- 2 Eier
- 1 Pr Salz
- 1 TL Backpulver
- 100 g Gouda
- 50 g Bergkäse
- 200 ml Milch
- Öl für das Waffeleisen

Zubereitung:

1. Zunächst die Butter mit den Eiern und Salz in eine Schüssel geben und mixen.
2. Dinkelmehl, Backpulver und Milch abwechselnd hinzugeben.
3. Gouda und Bergkäse reiben und unterheben.
4. Waffeleisen erhitzen und etwas einölen.
5. Jeweils ca. 3 EL Teig in das Waffeleisen geben und die Waffeln für 4-5 Min. ausbacken.
6. Servieren und genießen!

-Tipp: Der Käse macht den Unterschied. Probiert je nach Geschmack verschiedene Käse-Kombinationen durch, bis ihr eure Lieblingswaffel gefunden habt.

Kartoffel-Käse-Waffeln mit Frischkäse-Dip

(vier Waffeln)

Zutaten:

- 240 g Kartoffeln
- 55 g Mehl
- 60 g geriebener Emmentaler
- 2 EL Butter
- 2 Eier
- 65 ml Milch
- 1 TL Salz
- ½ TL Pfeffer

Für den Dip:

- 5 g Schnittlauch
- 200 g Frischkäse
- 4 Kirschtomaten
- ½ Avocado
- 4 EL Wasser
- 1 Pr Salz
- 1 Pr Pfeffer
- 10 g Schnittlauch

Zubereitung:

1. Zunächst die Kartoffeln schälen und kochen. Kartoffeln anschließend abkühlen lassen und zu einem Brei stampfen.
2. Eier und Butter in einer Schüssel schaumig mixen.
3. Alle Zutaten hinzufügen und mit einem Mixer gut vermengen.
4. Den Teig in das vorgeheizte, eingefettete Waffeleisen geben und goldgelb backen.
5. Für den Dip alle Zutaten in ein hohes Gefäß geben und mit einem Stabmixer zu einer gleichmäßigen Masse pürieren.
6. Waffeln mit je 2-3 EL Teig ausbacken
7. Servieren und genießen!

-Tipp: Reiche zu dieser herzhaften Waffelvariante einen frischen Salat oder Gemüse aus dem Garten.

60

Speck-Waffeln mit Apfel-Chutney

(acht Waffeln)

Zutaten:

- 150 g Speck
- 1 Zwiebel
- 1 Knoblauchzehe
- 1 TL Öl
- 300 g Mehl
- 3 Eier
- 500 ml Milch
- 1 Msp. Backpulver
- 1 Pr Salz
- 1 Pr Pfeffer

Für das Chutney

- 300 g Äpfel
- 1 Knoblauchzehe
- 1 rote Zwiebel
- 6 cm Ingwer
- 1 Chilischote
- 100 g Zucker
- 100 ml Apfelessig
- 1 Zweig Rosmarin
- 3 EL Senfkörner
- Salz, Pfeffer

Zubereitung:

1. Zunächst den Speck, Zwiebel und Knoblauchzehe fein schneiden.
2. Die Zwiebeln in einer Pfanne glasig andünsten und den Speck dazugeben und anbraten.
3. Pfanne zur Seite stellen und abkühlen lassen.
4. Die übrigen Zutaten in einer Schüssel zu einem glatten Teig verrühren.
5. Teig mit Salz und Pfeffer abschmecken und Speck unterheben.
6. Äpfel schälen, entkernen und schneiden.
7. Knoblauch, Zwiebel, Chilischote und Ingwer fein hacken.
8. Essig in einem Topf zum Kochen bringen und Zucker darin auflösen.

9. Alle übrigen Zutaten hinzugeben und das Chutney bei mittlerer Hitze ca. 45 Min. ohne Deckel einkochen, bis die gewünschte Konsistenz erreicht ist.
10. Das noch heiße Chutney in Einmachgläser geben, diese verschließen und auf den Kopf stellen, sodass ein Vakuum entsteht.
11. Zum Abkühlen beiseitestellen.
12. Die Waffeln im heißen Waffeleisen mit etwas Öl goldbraun ausbacken und servieren.

-Tipp: Wenn du das Chutney für ca. 60 Min. köcheln lässt, kannst du es in einem Schraubglas bis zu 12 Monate lagern.

Blätterteig-Waffeln mit Käse und Joghurt-Dip

(sechs Waffeln)

Zutaten:

- 2 Rollen Blätterteig
- 100 g Gruyère
- 3 EL Ziegenfrischkäse
- 100 g Jalapeños, in Scheiben
- 1 Pr Salz
- 1 Pr Pfeffer

Für den Dip:

- 150 g Naturjoghurt
- 2 EL Crème fraîche
- 3 Zweig Koriander
- 1 Pr Salz
- 1 Pr Pfeffer
- ½ Limette

Zubereitung:

1. Zunächst den Blätterteig ausrollen und auf die Größe der Heizplatten des Waffeleisens zuschneiden.
2. Gruyère würfeln.
3. Pro Portion je eine Scheibe Blätterteig dünn mit Ziegenfrischkäse belegen.
4. Jalapeño-Scheiben gemeinsam mit den Gruyère Würfeln auf den Blätterteig legen. Mit Salz und Pfeffer würzen.
5. Eine zweite Scheibe Blätterteig darauflegen und die Ränder fest zusammendrücken.
6. Waffeln im heißen eingefetteten Waffeleisen goldbraun ausbacken.
7. Für den Dip Saft der Limette auspressen. Koriander feinhacken.
8. Übrige Zutaten in eine Schüssel geben und mixen.
9. Waffeln zusammen mit dem Dip servieren und genießen.

-Tipp: Bei der Füllung der Blätterteigwaffeln kannst du gerne variieren. Achte darauf, dass du nicht zu viele Zutaten in die Waffel gibst, da diese sonst während des Backens ausläuft.

Kartoffel-Waffeln mit Joghurt und Radieschen

(acht Waffeln)

Zutaten:

- 400 g gekochte Kartoffeln vom Vortag
- 2 Eier
- 50 ml Milch
- 150 g Weizen-Vollkornmehl
- 2 Pr Salz
- 1 Pr Pfeffer
- 1 Prise geriebene Muskatnuss
- 2 EL Sonnenblumenöl

Dip:

- 20 g Schnittlauch
- 1 Frühlingszwiebel
- 3 Radieschen
- 300 g Joghurt

Zubereitung:

1. Stampfe die kalten Kartoffeln. Eier, Milch, Mehl, Salz, Pfeffer und Muskat dazufügen und alles vermengen.
2. Öl in das vorgeheizte Waffeleisen geben.
3. Waffeln ausbacken.
4. Inzwischen Frühlingszwiebel und Radieschen waschen und schneiden.
5. Schnittlauch fein hacken
6. Joghurt mit Schnittlauch, Radieschen und Frühlingszwiebel vermengen.
7. Waffeleisen vorheizen und leicht einfetten.
8. Waffeln goldbraun ausbacken.
9. Waffeln mit dem Dip servieren.

-Tipp: Wir ersetzen die Milch oft durch Hafermilch. Achte dabei darauf, dass diese am besten zuckerfrei ist.

Erdnussbutter-Waffeln

(zwölf Waffeln)

Zutaten:

- 250 g Dinkelmehl
- 4 EL Zucker
- 1 Pr Salz
- 1 TL Backpulver
- 2 Eier
- 350 ml Hafermilch
- 60 g weiche Butter
- 175 g Erdnussbutter
- 2 Bananen
- Fett für das Waffeleisen

Zubereitung:

1. Mehl, Backpulver, Zucker und Salz in eine Schüssel geben und vermengen.
2. Die Butter, Erdnussbutter und Eier in eine separate große Schüssel geben und verrühren.
3. Abwechselnd Mehlmischung und Hafermilch hinzugeben.
4. Waffeleisen vorheizen.
5. Die Bananen in kleine Scheiben schneiden.
6. Die Waffeln im vorgefetteten Waffeleisen für jeweils 3-4 Min. ausbacken und mit den Bananen servieren.

-Tipp: Falls dir die Süße bei dem Rezept fehlt, dann probiere die Waffeln mit Erdbeermarmelade.

Pizza-Waffeln

(vier Waffeln)

Zutaten:

- 145 g Mehl
- 1 Pr Salz
- ¼ TL Backpulver
- 1 Ei
- 125 ml Milch
- 30 g Ricotta
- 2 EL Olivenöl
- ¼ TL Knoblauchpulver
- ¼ TL Oregano
- 70 g Mozzarella
- 3 EL Tomatensoße

Topping:

- 2 Cherrytomaten
- 15 g Basilikum
- 30 g geriebener Parmesan

Zubereitung:

1. Das Mehl mit Salz und Backpulver mischen.
2. In eine zweite Schüssel das Ei geben. Milch, Ricotta, Oregano, Knoblauchpulver und Olivenöl hinzufügen und vermengen.
3. Anschließend zu den trockenen Zutaten dazugeben und alles gut vermischen.
4. Den Teig mit einer Schöpfkelle im Waffeleisen ausbacken.
5. Ofen auf Ober-/Unterhitze 200 °C vorheizen.
6. Die Waffeln auf Backpapier geben, mit Tomatensoße bestreichen und mit Mozzarella belegen.
7. Im heißen Ofen 6-8 Min. backen.
8. Toppe die Waffeln mit Basilikum, Cherrytomaten und Parmesan.

-Tipp: Je nach Pizza-Vorlieben kannst du deiner Kreativität hier freien Lauf lassen. Unsere Empfehlung: Waffeln mit Pilzen und Salami!

Karotten-Käse-Waffeln mit Quark-Dip

(fünf Waffeln)

Zutaten:

- 200 g Karotten
- 125 g Butter
- 6 Eier, getrennt
- 1 TL Salz
- 125 g Mehl
- 2 TL Backpulver
- 350 ml Milch
- 200 g geriebener Bergkäse
- 2 EL Schnittlauch
- 2 EL glatte Petersilie
- schwarzer Pfeffer
- Öl für das Waffeleisen

Dip:

- 500 g Quark
- 2 Frühlingszwiebeln

Zubereitung:

1. Karotten schälen, fein reiben und gut mit den Händen ausdrücken.
2. Butter und Salz mit dem Mixer schaumig schlagen. Eier trennen und die Eigelbe nach und nach unterrühren.
3. Mehl und Backpulver mit der Milch zur Butter-Eier-Masse geben.
4. Karotten rühren, mit geriebenem Bergkäse, Petersilie und Schnittlauch untermengen und mit Salz und Pfeffer abschmecken. Eiweiße steif schlagen und unter den Teig heben.
5. Waffeleisen erhitzen, fetten und den Waffelteig backen.
6. Frühlingszwiebeln putzen, waschen, trocknen und in feine Ringe schneiden. Quark und Frühlingszwiebeln untermischen und den Dip mit Salz und Pfeffer abschmecken.

-Tipp: Zum Dip eignen sich auch immer frische Kräuter.

Süßkartoffel-Waffeln mit Avocado-Creme und Ei

(vier Waffeln)

Zutaten:

- 300 g Süßkartoffel
- 5 Eier
- 3 EL Kokosmehl
- ½ Pck Backpulver
- 1 Pr Salz
- 1 reife Avocado
- Limette
- 2 Frühlingszwiebeln
- Salz, Pfeffer
- EL Essig

Zubereitung:

1. Süßkartoffel schälen, in eine Schüssel fein reiben.
2. 3 Eier, Kokosmehl, Backpulver und Salz hinzugeben und vermengen.
3. Frühlingszwiebeln waschen und in feine Ringe schneiden. In die Schüssel geben und verrühren.
4. Mit Salz und Pfeffer abschmecken.
5. Waffelteig mit einem Löffel großzügig in das vorgeheizte Waffeleisen geben. Je nach Gerät 5-10 Min. backen.
6. Für die Avocado-Creme Avocado schälen, entkernen und pürieren.
7. Limette auspressen, zur Creme geben und gut verrühren.
8. Für das pochierte Ei einen Kochtopf zur Hälfte mit Wasser füllen. Essig dazugeben und erhitzen, bis das Wasser kurz vorm Kochen ist.
9. Ein Ei aufschlagen und in eine Kelle geben.
10. Das Wasser kräftig mit einem Kochlöffel umrühren. Das Ei mit der Kelle vorsichtig in den Strudel gleiten lassen.
11. Mit dem zweiten Ei wiederholen. Eier 3-4 Min. im heißen Wasser pochieren. Mit der Kelle aus dem Topf holen und abtropfen lassen.
12. Waffeln mit Avocado-Creme servieren, dazu die pochierten Eier geben und genießen!

-Tipp: Für eine ausreichende Schärfe kannst du etwas Tabasco zu den Waffeln geben. Damit die Süßkartoffel-Knollen wirklich weich werden, kannst du sie zuerst im Ofen garen lassen.

Zucchini-Feta-Waffeln

(fünf Waffeln)

Zutaten:

- 900 g Zucchini
- 2 Stangen Frühlingszwiebeln
- 2 Knoblauchzehen
- 500 g Weizenmehl
- 2 Päckchen Backpulver
- 8 Eier
- 220 ml Milch
- 4 EL Pflanzenöl
- 160 g Feta
- 1 Pr Salz
- 1 Pr Pfeffer

Zubereitung:

1. Zunächst die Zucchini feinreiben.
2. Mit einer Prise Salz in einer Schüssel vermengen und mit einem Küchentuch gut ausdrücken.
3. Den Feta dazu bröseln.
4. Die Frühlingszwiebeln hacken und hinzugeben.
5. Mit Salz und Pfeffer abschmecken.
6. In einer separaten Schüssel Eier und Öl mixen und abwechselnd Mehl mit Backpulver und Milch hinzugeben.
7. Die Zucchini-Feta-Mischung hinzufügen.
8. Die Waffeln im vorgeheizten und eingeölten Waffeleisen goldbraun ausbacken.
9. Servieren und genießen!

-Tipp: Achte darauf, die Zucchini mit dem Küchentuch wirklich sehr gut auszudrücken, um die Flüssigkeit zu entziehen.

American Waffles mit Buttermilch

(sechs Waffeln)

Zutaten:

- 80 ml Pflanzenöl
- 500 ml Buttermilch
- 2 Eier
- 1 TL Vanillearoma
- 260 g Mehl
- 2 TL Backpulver
- 1 TL Natron
- 1 Pr Salz

Zubereitung:

1. Zunächst das Waffeleisen vorheizen.
2. Anschließend Öl, Buttermilch, Eier und Vanillearoma in einer großen Schüssel vermengen bis sie eine homogene Masse bilden.
3. In einer separaten Schüssel Mehl, Backpulver, Natron und Salz mischen.
4. Die flüssigen zu den trockenen Zutaten geben und alles zu einem glatten Teig verrühren.
5. Den Teig in das vorgeheizte und geölte Waffeleisen geben und ausbacken.
6. Die fertigen Waffeln mit Lieblings-Toppings garnieren.

-Tipp: Wenn du keine Buttermilch vorrätig hast, ist das kein Problem! Du kannst einen Buttermilchersatz herstellen, indem du einen EL Essig oder Zitronensaft zu einer Tasse Milch hinzufügst. Die saure Zutat bringt die Milch zum Gerinnen. 15 Min. stehen lassen und fertig ist die Ersatz-Buttermilch.

Quark-Waffeln

(acht Waffeln)

Zutaten:

- 400 g Mehl
- 2,5 TL Backpulver
- 4 Eier
- 1 TL Salz
- 160 g Margarine
- 350 ml Milch
- 350 g Quark
- 1 EL Petersilie
- 1 EL Schnittlauch
- 1 EL Majoran
- 1 Pr Salz
- 1 Pr Pfeffer

Zubereitung:

1. Zunächst Mehl, Backpulver und Salz mischen.
2. Milch und Quark in einer zweiten Schüssel miteinander verrühren.
3. In einer weiteren Schüssel Eier schaumig schlagen.
4. Margarine schmelzen und zur Eimasse geben.
5. Weitere Zutaten zur Mehl- und Quarkmischung hinzugeben und mixen.
6. Anschließend Kräuter hacken.
7. Die Kräuter zur Teigmischung hinzufügen und unterheben.
8. Mischung mit Salz und Pfeffer abschmecken und zu einer homogenen Masse verrühren.
9. Waffeln im vorgeheizten Waffeleisen mit etwas Öl goldbraun ausbacken.
10. Servieren und genießen!

-Tipp: Verleihe den Waffeln einen zusätzlichen mediterranen Touch mit Rosmarin, Thymian und Basilikum. Estragon, Liebstöckel oder Kapuzinerkresse passen alternativ auch hervorragend zu den Waffeln.

Spinat-Waffeln mit Avocado und Lachs

40

(vier Waffeln)

Zutaten:

- 2 Eier
- 200 g Mehl
- 350 ml Milch
- 100 g frischer Spinat
- ½ TL Backpulver
- ½ TL Salz
- 1 EL Butter

Topping:

- 1 Avocado
- 100 g Frischkäse
- 200 g Räucherlachs
- 1 Pr Salz
- 1 Pr Pfeffer

Zubereitung:

1. Zunächst für die Waffeln alle Zutaten, außer Spinat und Butter in eine Schüssel geben und zu einem dickflüssigen Teig mixen.
2. Spinat putzen, hinzugeben und gleichmäßig untermixen.
3. Inzwischen das Waffeleisen vorheizen. Mit Butter einfetten und den Teig portionsweise im heißen Waffeleisen ausbacken.
4. Avocado halbieren, entkernen und aus der Schale lösen. In dünne Scheiben schneiden.
5. Waffeln mit Frischkäse Avocado und Lachs servieren.
6. Zuletzt mit Salz und Pfeffer würzen.
7. Servieren und genießen!

-Tipp: Bei diesem Rezept eignen sich besonders Belgische Waffeln aufgrund der Dicke.

Waffel-Sandwiches mit Hähnchen

(sechs Waffeln)

Zutaten:

- 250 g Mehl
- 55 g brauner Zucker
- 1 TL Backpulver
- ½ TL Salz
- 2 TL Pfeffer
- 3 Eier
- 80 g geschmolzene Butter
- 500 g Buttermilch
- 6 Baconstreifen
- 100 g geriebener Cheddar
- 5 Frühlingszwiebeln

Topping:

- 1 Tomate
- 1 Avocado
- 1 Ei
- Mehl zum Panieren
- Etwas Paniermehl
- 200 g Hähnchenbrustfilet
- 1 Bund Rucola

Dip:

- 70 g Senf
- 90 ml Ahornsirup

Zubereitung:

1. Bacon ca. 5 Min. anbraten und zerbröseln.
2. Frühlingszwiebeln in feine Ringe schneiden.
3. Mehl, Zucker, Backpulver, Pfeffer und Salz in einer Schüssel vermengen.
4. Anschließend 3 Eier verquirlen.
5. Flüssige Butter und Buttermilch zu den trockenen Zutaten geben und vermengen.
6. Bacon, Cheddar und Frühlingszwiebeln verrühren.

7. Anschließend den Teig portionsweise im heißen Waffeleisen mit etwas Öl für ca. 5 Min. ausbacken.
8. Für das Topping Hähnchen in Stücke schneiden.
9. Ein Ei verquirlen. Das Hähnchen zuerst in Mehl, dann in Ei und danach in Paniermehl wenden.
10. Öl in einer Pfanne erhitzen und die panierten Hähnchenstreifen für ca. 6 Min. von allen Seiten goldbraun braten.
11. Halbieren, entkernen und Avocado aus der Schale lösen. Fruchtfleisch zusammen mit der Tomate in Scheiben schneiden.
12. Für den Dip Senf mit Ahornsirup vermengen.
13. Die Waffeln mit Rucola, Tomate, Avocado und Hähnchenstreifen belegen.
14. Mit dem Dip beträufeln.
15. Servieren und genießen!

-Tipp: Für eine feurige Note kannst du gerne etwas Chili zum Fleisch hinzugeben. Du liebst Sandwiches? Lade dir unser gratis E-Book mit 7 leckeren Sandwich Rezepten runter: Hier klicken: https://gaumenkoenig.gumroad.com/l/ptngX

Vegan

Vegane Waffeln

(zwölf Waffeln)

Zutaten:

- 500 g Mehl
- 100 g Zucker
- 25 g Rohrzucker
- 2 EL Backpulver
- 1 TL Salz
- 3 EL Öl
- 500 ml Sojamilch (oder Reisdrink)
- 100 ml Mineralwasser
- Fett

Zubereitung:

1. Zunächst die trockenen Zutaten in eine Schüssel geben und alles vermengen.
2. Öl, Sojamilch bzw. Reisdrink und Mineralwasser dazugeben und alles zu einem glatten Teig verrühren.
3. Waffeleisen vorheizen und leicht einfetten.
4. Den Waffelteig portionsweise in das Waffeleisen geben und die Waffeln goldbraun ausbacken.
5. Servieren und genießen!

-Tipp: Einfach zum Teig eine zerdrückte Banane hinzugeben. Die Waffeln schmecken so noch besser! Achte dabei immer darauf, dass das Waffeleisen ausreichend eingefettet ist. Hier empfehlen wir das vegane Backspray. Du findest den Link in unserer Checkliste für Küchengeräte.

Hafermilch-Waffeln

(sechs Waffeln)

Zutaten:

- 200 g Weizenmehl
- 40 g brauner Zucker
- 1 Pck Vanillezucker
- 1 TL Backpulver
- 2 EL ÖL, geschmacksneutral
- 1 Pr Salz
- 250 ml Hafermilch (vegan)
- 75 ml Wasser mit Kohlensäure
- Vegane Margarine für das Waffeleisen

Zubereitung:

1. Zunächst alle trockenen Zutaten in einer großen Schüssel vermengen.
2. Anschließend die Hafermilch und das Öl dazugeben.
3. Mit dem Mixer verrühren, bis ein cremiger Teig entsteht.
4. Mineralwasser unterrühren.
5. Das Waffeleisen auf mittlere Temperatur vorheizen und leicht einfetten.
6. Für jede Waffel etwa 2 EL Teig in das Waffeleisen geben. Mit einem Esslöffel verstreichen und die Waffeln goldgelb ausbacken.
7. Servieren und genießen!

-Tipp: Das Weizenmehl kannst du alternativ auch mit Vollkornmehl oder Dinkelmehl ersetzen.

Chiasamen-Vollkorn-Waffeln

(drei Waffeln)

Zutaten:

- 75 g Weizenvollkornmehl
- 15 ml kaltes Wasser
- 1 TL Backpulver
- 120 g Sojamilch
- 30 g Apfelmark
- 1 TL Chiasamen

Zubereitung:

1. Chiasamen im Mörser oder Küchengerät fein mahlen.
2. Chiasamen in eine kleine Schüssel geben und kaltes Wasser hinzufügen.
3. Verrühren und für mindestens 10 Min. im Kühlschrank quellen lassen.
4. Mehl und Backpulver vermengen. Sojamilch mit einem Mixer unter die Mehlmischung heben, bis ein glatter Teig entsteht.
5. Die gequollenen Chiasamen und das Apfelmark unter den Teig rühren.
6. Das Waffeleisen vorheizen und einfetten.
7. Waffeln ausbacken und am besten warm genießen.

-Tipp: Für das gewisse Etwas empfehlen wir ein Topping mit weißem Mandelmus.

Falafel-Waffeln

(vier Waffeln)

Zutaten:

- 2 Dosen Kichererbsen (Abtropfgewicht 265g)
- 2 Knoblauchzehen
- ½ rote Zwiebel, gehackt
- ½ Bio-Zitrone
- ½ EL Kreuzkümmel gemahlen
- 1 TL Koriander gemahlen
- ½ TL Kurkuma
- ½ TL geräuchertes Paprikapulver
- 1 Pr Cayennepfeffer
- 1 Pr Zimt
- 1 Pr gemahlene Nelken
- 2 Pr Salz
- ½ Bund Petersilie
- 1 TL Backpulver
- 2 EL Speisestärke

Dip:

- 250 g Soja Joghurt
- ½ Bio-Zitrone
- 2 EL Minze
- 2 Pr Salz
- 1 Pr Pfeffer

Zubereitung:

1. Die Schale der Zitrone abreiben und die Zitrone ausdrücken.
2. Petersilie, Zwiebel und Knoblauch feinhacken.
3. Waffeleisen vorheizen.
4. Kichererbsen abtropfen lassen (beachte dabei den Waffel-Tipp unter dem Rezept)
5. Alle Zutaten für die Falafel in eine Schüssel geben inkl. dem Abrieb und Saft der halben Zitrone und alles gut vermischen. Mischung abschmecken und nach Belieben nachwürzen.
6. Mischung mit einem Mixer und vermengen, bis sie glatt ist und noch kleine Stückchen enthält.

7. Falafel-Waffeln jeweils 6-8 Min. Bei mittlerer Hitze im vorgeheizten, eingeölten Waffeleisen ausbacken, bis sie knusprig sind.
8. Den Soja Joghurt in eine Schüssel geben. Restlichen Abrieb und Saft der Zitrone hinzugeben.
9. Minze, Salz und Pfeffer hinzufügen.
10. Die Falafel-Waffeln mit dem Dip auf einem Teller servieren.

-Tipp: Wenn du das Kichererbsen-Wasser auffängst, kannst du es als Basis für eine vegane Mayonnaise nutzen.

Vegane Waffeln ohne Zucker

(sechs Waffeln)

Zutaten:

- 200 g Vollkornmehl
- 2 TL Backpulver
- 250 ml Hafermilch
- 70 g Obstmus (Apfel-Banane)
- 2 EL Kokosöl

Zubereitung:

1. Zunächst das Mehl mit dem Backpulver vermengen.
2. Hafermilch in eine separate Schüssel geben und mit dem Obstmus sowie Öl verquirlen.
3. Trockene zu den feuchten Zutaten geben und alles gut verrühren, sodass ein glatter Teig entsteht. Waffelteig ca. 5 Min. ruhen lassen.
4. Waffeleisen vorheizen und einfetten.
5. Jeweils 3 EL der Teigmenge in die Mitte des Waffeleisens geben und die Waffeln ausbacken.

-Tipp: Du kannst die Hafermilch auch durch Sojamilch oder Reismilch ersetzen.

Vegane Schoko-Waffeln

(vier Waffeln)

Zutaten:

- 90 g Dinkelmehl
- 1 EL Kakaopulver
- 1 Banane
- 1 TL Agavensirup
- 90 ml pflanzliche Milch
- 1 EL vegane Butter
- 1 TL Backpulver
- Mineralwasser
- Kokosöl zum Einfetten

Zubereitung:

1. Im ersten Schritt die Bananen mit der pflanzlichen Milch mixen.
2. Geschmolzene vegane Butter und Agavensirup schaumig schlagen.
3. Mehl, Backpulver, Kakao und einen Schluck Mineralwasser in die Bananenmilch geben.
4. Alles gut durchmixen, sodass eine homogene Teigmasse entsteht.
5. Anschließend die Waffeln im vorgeheizten, eingefetteten Waffeleisen ausbacken.
6. Mit beliebigen Toppings servieren und genießen!

-Tipp: Bei der Zubereitung mit Kokosmilch wird keine zusätzliche vegane Butter für den Teig benötigt.

Vegane Quinoa-Möhren-Waffeln

(fünf Waffeln)

Zutaten:

- 65 g Quinoa
- 250 ml Orangensaft
- 120 g Möhren
- 110 g vegane Margarine
- 100 g Puderzucker (Bio)
- 1 Pr Salz
- 1 abgeriebene Orangenschale (Bio)
- ½ TL Koriander, gemahlen
- 200 g Dinkelmehl
- 2 TL Backpulver
- ÖL für das Waffeleisen

Zubereitung:

1. Quinoa gründlich waschen und abtropfen lassen.
2. Anschließend in einen Topf geben und mit etwa 200 ml Orangensaft aufkochen lassen.
3. Den Quinoa 20 Min. bei geringer Hitze köcheln lassen, bis er weich ist.
4. Möhren schälen und raspeln und 120 g abwiegen.
5. Vegane Margarine, Puderzucker, Orangenschale, Koriander und Salz cremig schlagen.
6. Orangen-Quinoa-Mischung und Möhrenraspel unterheben.
7. Dinkelmehl mit Backpulver mischen und mit übrigem Orangensaft kurz unterrühren.
8. Waffeleisen vorheizen.
9. Waffeln im eingefetteten Waffeleisen ausbacken.

-Tipp: Als Topping eignen sich ideal Rosinen oder Cranberrys.

Vegane Haferflocken-Waffeln

(vier Waffeln)

Zutaten:

- 110 g Haferflocken
- ½ TL Leinsamenmehl
- ½ TL Backpulver
- 60 g Sojajoghurt
- 150 g Pflanzliche Milch
- Öl für das Waffeleisen
- 1 TL Vanillepaste
- 1 Pr Salz
- 1 Pr Zimt (optional)

Zubereitung:

1. Haferflocken in einem Mixer zu einem feinen Mehl mahlen.
2. Alle anderen Zutaten hinzufügen und erneut mixen, bis ein flüssiger Teig entsteht.
3. Den Teig 10 Min. ruhen lassen.
4. In der Zwischenzeit das Waffeleisen vorheizen.
5. Waffeleisen mit etwas Öl bepinseln.
6. Etwa 2 EL Waffelteig hineingeben und für ca. 7 Min. ausbacken.
7. Waffeln nach Belieben mit Toppings belegen und warm servieren.

-Tipp: Bei einer Zöliakie oder Glutenunverträglichkeit kannst du auch glutenfreie Haferflocken verwenden.

Rote-Bete-Waffeln

(vier Waffeln)

Zutaten:

- 200 g Rote Bete
- 200 g Dinkelvollkornmehl
- 100 g Hirse
- 1 EL Haferflocken
- 1 TL Backpulver
- 50 ml Öl
- 200 ml Hafermilch
- 1 TL Leinsamen
- 150 ml Wasser
- Kokosöl für das Waffeleisen

Zubereitung:

1. Rote Bete Knolle schälen.
2. Rote Bete mit einer Reibe fein reiben.
3. Mehl und Backpulver mischen.
4. Restliche Zutaten dazugeben und zu einem homogenen Teig verrühren.
5. Waffeleisen mit etwas Öl bepinseln.
6. 2 EL Waffelteig hineingeben und die Waffeln für ca. 7 Min. ausbacken.
7. Mit Toppings belegen, servieren und genießen!

-Tipp: Achte bei diesem Waffelrezept wirklich darauf, dass die Rote Bete in rohem Zustand verarbeitet wird und lange gebacken wird, damit sie durch ist. Die vegane Rote Beete Waffel kann perfekt mit frischem Gemüse aus dem Garten oder Biomarkt kombiniert werden.

Low Carb Protein/Fitness

Chaffles

(fünf Waffeln)

Zutaten:

- 100 g Mozzarella
- 100 g Cheddar
- 4 Eier
- 1 Lauchzwiebel

Zubereitung:

1. Das Waffeleisen einfetten und auf mittlerer Stufe erhitzen.
2. Käse fein reiben und vermengen.
3. Die Eier in eine Schüssel schlagen.
4. Den Käse mit den Eiern vermengen.
5. Das Waffeleisen nun gut einfetten und auf mittlerer Stufe vorheizen.
6. Die Lauchzwiebel in kleine Ringe schneiden und unter die Masse heben.
7. Waffeln für 3-4 Min. ausbacken.
8. Servieren und genießen!

-Tipp: Chaffles sind stark abhängig vom Käse. Variiere den Anteil vom Cheddar, um die Würze der Chaffles zu ändern.

Mandelmus-Protein-Waffeln

(fünf Waffeln)

Zutaten:

- 3 Eier
- 30 g Mandelmus
- 25 g Kokosöl, flüssig
- 3 EL Hüttenkäse 20% Fett
- 60 g Proteinpulver
- ½ TL Zimt
- ¼ TL gemahlene Vanille
- ½ TL Backpulver
- Erythrit oder Xylit nach Wahl

Zubereitung:

1. Alle Zutaten in einem Mixer gut vermischen, sodass eine homogene Teigmasse entsteht.
2. Mit Xylit oder Erythrit nach Belieben süßen.
3. Das Waffeleisen nun gut einfetten und auf mittlerer Stufe erhitzen.
4. Ca. 3-4 Esslöffel Teig in die Mitte des Waffeleisens geben und verteilen.
5. Waffeln für 2-4 Min. ausbacken.
6. Servieren und genießen!

-Tipp: Um den Waffeln eine fruchtige Note zu verleihen, kannst du als Topping Himbeeren oder Heidelbeeren dazugeben. Für noch mehr Protein kannst du Nüsse, Leinsamen oder Sesamsamen als Topping verwenden.

Low-Carb Protein-Waffeln

(neun Waffeln)

Zutaten:

- 150 g Butter oder Kokosöl
- 150 g Xucker
- 6 Eier
- Flavor Drops Vanille
- 100 g Mandelmehl
- 200 g Proteinpulver
- 1 TL Backpulver

Zubereitung:

1. Alle Zutaten mit einem Mixer so lange mixen, bis der Teig zähflüssig wird.
2. Falls der Teig zerbröselt oder zu zäh wird, einfach etwas Wasser hinzugeben.
3. Waffeleisen gut vorheizen und einfetten.
4. Ca. 2-3 Esslöffel Teig pro Waffel in das Waffeleisen geben.
5. Sobald die Waffeln die gewünschte Bräune erreicht haben, sind die Low Carb Waffeln fertig.
6. Servieren und genießen!

-Tipp: Bei älteren Waffeleisen unbedingt Butter oder Kokosöl auf die Backfläche geben, damit die Waffeln nicht anbrennen. Als Topping empfehlen wir zuckerfreie Schoko- oder Salted-Caramel-Soße und frische Früchte.

Schoko-Himbeer-Chia-Waffeln

(zehn Waffeln)

Zutaten:

- 100 g Vollkornmehl
- 4 Eier
- 120 ml Milch
- 20 g Backpulver
- 130 g Schoko-Protein-Pulver
- 4 TL Backkakao
- 400 g Magerquark
- 5-10 Tropfen Schoko Flavor Drops (optional)
- Kokosöl für das Waffeleisen

Topping

- 200 g TK Himbeeren
- 2 EL Chiasamen
- 2 EL Wasser
- 2-5 Tropfen Himbeer Flavor Drops (optional)

Zubereitung:

1. TK Himbeeren in eine Schale geben und auftauen lassen.
2. Chiasamen und 2 EL Wasser zu den Himbeeren geben.
3. Mit Himbeer-Flavor-Drops Geschmack verstärken (optional).
4. Eier in einer Schüssel aufschlagen und anschließend schaumig rühren. Milch dazugeben und weiter verrühren.
5. Vollkornmehl, Backpulver, Proteinpulver, Kakao, Magerquark dazugeben und mit einem Rührgerät zu einem Teig verarbeiten.
6. Schoko-Flavor-Drops dazugeben (optional).
7. Waffeleisen vorheizen und mit Kokosöl gut einfetten.
8. Waffeln ausbacken, bis sie goldbraun sind.
9. Waffeln zusammen mit Himbeer-Topping servieren und genießen!

-Tipp: Die Protein-Waffeln können alternativ auch mit geschmacksneutralem Proteinpulver zubereitet werden. Für die ausreichende Süße kannst du Xucker in den Teig geben. Achte bei den Flavor-Drops auf die richtige Dosierung!

Haferflocken-Fitness-Waffeln

(neun Waffeln)

Zutaten:

- 100 g Haferflocken, gemahlen
- 200 g Proteinpulver
- 150 g Kokosöl
- 130 g Xucker
- 8 Eier, getrennt
- Flavor Drops Vanille (optional)
- 1 TL Backpulver

Zubereitung:

1. Eier trennen und Eiklar in eine Schüssel geben.
2. Das Eigelb wird in diesem Rezept nicht mehr benötigt. Wir empfehlen daraus Rührei zu machen.
3. Alle Zutaten hinzugeben und mit einem Mixer so lange rühren, bis der Teig zähflüssig wird.
4. Falls der Teig bröselt, noch etwas Wasser hinzugeben, bis der Teig eine cremige Konsistenz erreicht.
5. Waffeleisen vorheizen und leicht einfetten.
6. Ca. 2-3 Esslöffel Teig pro Waffel ins Waffeleisen geben und goldbraun ausbacken.
7. Fertig sind die Haferflocken-Fitness-Waffeln!

-Tipp: Beim Proteinpulver kannst du gerne variieren. Für Veganer eignen sich Sojaprotein, Erbsenprotein oder Hanfprotein sehr gut. Skyr, Xucker, Mandelmus, Erdnussbutter oder auch Apfelmus eignen sich ideal als Topping!

Protein-Waffeln mit Apfelmus

(sieben Waffeln)

Zutaten:

- 150 g Kokosöl
- 150 g Xucker
- 2 Bananen
- 100 g gemahlene Haferflocken
- 200 g Proteinpulver (vegan)
- 1 TL Backpulver
- Apfelmus

Zubereitung:

1. Bananen mit einem Stabmixer zu Mus verarbeiten.
2. Die restlichen Zutaten dazugeben und so lange mixen, bis der Teig zähflüssig wird.
3. Waffeleisen gut vorheizen und einfetten.
4. Ca. 2 Esslöffel Teig pro Waffel ins Waffeleisen geben und diese goldbraun ausbacken.
5. Mit Apfelmus servieren und genießen!

-Tipp: Eine gute Alternative zu Apfelmus ist Apfelmark. Apfelmark darf nicht zusätzlich gesüßt werden und ist somit zuckerärmer als das klassische Mus.

Low-Carb Käse-Waffeln

(zwei Waffeln)

Zutaten:

- 2 Eier
- 2 EL Milch
- 120 g Käse, fein gerieben
- 1 Pr Salz
- 1 Pr Pfeffer
- 1 Pr Cayennepfeffer
- Butter zum Ausfetten
- Petersilie zum Garnieren

Zubereitung:

1. Petersilie fein hacken.
2. Eier mit der Milch gut verquirlen und mit den restlichen Zutaten vermengen.
3. Mit Salz, Pfeffer und Cayennepfeffer abschmecken.
4. Teig so lange verrühren, bis eine homogene Masse entsteht.
5. Waffeleisen gut vorheizen und mit der Butter leicht einfetten.
6. Waffeln goldbraun ausbacken.
7. Waffeln mit Petersilie garnieren.
8. Servieren und genießen!

-Tipp: Du kannst die Waffeln mit unterschiedlichen Käsesorten abwandeln. Sehr intensiv werden die Waffeln, wenn du zur Zubereitung Blauschimmelkäse oder Ziegenkäse verwendest.

Low-Carb Joghurt-Waffeln

(acht Waffeln)

Zutaten:

- 200 g Naturjoghurt fettarm
- 60 g Proteinpulver
- 60 g Mandelmehl
- 4 Eier
- 2 TL Backpulver
- Öl zum Einfetten

Zubereitung:

1. Eier und den Naturjoghurt in eine Rührschüssel geben und alles cremig rühren.
2. Mandelmehl mit dem Proteinpulver und Backpulver in einer separaten Schüssel vermengen.
3. Anschließend nach und nach zur Joghurt Mischung geben, bis ein glatter Teig entsteht.
4. Waffeleisen vorheizen.
5. Waffeleisen großzügig mit Öl einfetten und den Teig einfüllen.
6. Waffeln goldbraun ausbacken.
7. Servieren und genießen!

-Tipp: Als Alternative zum Joghurt kannst du auch Skyr verwenden. Achte unbedingt darauf, den zuckerfreien Skyr zu verwenden.

Fitness-Waffeln mit Skyr-Ricotta-Creme

(drei Waffeln)

Zutaten:

- 25 g Hafermehl
- 25 g Buchweizenmehl
- 1 TL Backpulver
- 25 g Erythrit
- ¼ TL Zimt
- 1 Pr gemahlene Vanille
- 1 Pr Salz
- 2 Eier
- 50 g Skyr, Natur
- ca. 10 g Butter für das Waffeleisen

Skyr-Ricotta-Creme

- 50 g Skyr natur
- 30 g Ricotta
- 1 TL Agavendicksaft
- ½ EL Mineralwasser
- 1 Pr Vanille, gemahlen

Zubereitung:

1. Hafermehl, Buchweizenmehl, Backpulver, Erythrit, Zimt, Vanille und Salz vermischen.
2. Eier und Skyr glattrühren und die trockenen Zutaten dazugeben und unterrühren.
3. Den Teig für 5 Min. quellen lassen.
4. Alle Zutaten für die Skyr-Ricotta-Creme in einer separaten Schüssel vermischen.
5. Waffeleisen vorheizen und mit der Butter einfetten.
6. Waffeln im Waffeleisen goldbraun ausbacken.
7. Waffeln mit der Skyr-Ricotta-Creme servieren und genießen!

-Tipp: Zur Skyr-Ricotta-Creme passen auch Beeren oder Nüsse. Den Agavendicksaft kannst du auch durch Ahornsirup oder Honig ersetzen.

Fitness-Maronen-Waffeln

(fünf Waffeln)

Zutaten:

- 100 g Maronen, vorgegart
- 110 g Butter
- 2 Eier
- 250 ml Mandelmilch
- 30 g Proteinpulver
- ½ TL Backpulver
- 2 Pr Salz
- Kokosöl zum Einfetten

Zubereitung:

1. Maronen, Butter, Eier, Backpulver und Proteinpulver in einer großen Schüssel vermischen.
2. Mandelmilch nach und nach dazugeben und mit einem Mixer zu einem cremigen Teig pürieren.
3. Mit einer Prise Salz abschmecken.
4. Waffeleisen gut vorheizen.
5. Anschließend das Waffeleisen mit dem Kokosöl gut einfetten.
6. Ca. 3 EL Teig auf dem Waffeleisen verstreichen.
7. Waffeln ausbacken, bis sie goldbraun sind.
8. Servieren und genießen!

-Tipp: In der Weihnachtszeit kannst du auch Zimt, Nelken oder Muskatnuss zum Teig hinzugeben.

"Waffeln ohne..."

Waffeln ohne Ei

(sechs Waffeln)

Zutaten:

- 4 EL Öl
- 50 g brauner Zucker
- 1 Pck Vanillezucker
- 1 Prise Salz
- 250 g Dinkelmehl
- 1 Pck Backpulver
- 250 ml Hafermilch
- 50 ml Mineralwasser mit Kohlensäure

Zubereitung:

1. Öl, Zucker, Vanillezucker und Salz in eine Schüssel geben und mixen, bis eine gebundene Masse entsteht.
2. Mehl mit dem Backpulver mischen und abwechselnd mit der Hafermilch zur Masse hinzufügen und unterrühren.
3. Mineralwasser hinzugeben und die Masse verrühren.
4. Waffeleisen vorheizen und leicht einfetten.
5. Für jede Waffel 2-3 EL Teig in das Waffeleisen geben.
6. Waffeln ausbacken, bis sie goldbraun sind.
7. Servieren und genießen!

-Tipp: Als Topping empfehlen wir Mandelmus.

Waffeln ohne Gluten

(fünf Waffeln)

Zutaten:

- 100 g weiche Butter oder Margarine
- 50 g Zucker
- 1 Pck Vanillezucker
- 3 Eier
- 100 g gemahlene Mandeln
- 50 g Speisestärke
- 2 TL Backpulver

Zubereitung:

1. Butter oder Margarine in eine Rührschüssel geben und mit einem Mixer geschmeidig rühren.
2. Zucker und Vanillezucker unter Rühren dazugeben, bis eine gebundene Masse entsteht.
3. Eier auf höchster Stufe unterrühren.
4. Gemahlene Mandeln mit der Speisestärke und dem Backpulver mischen und alles kurz auf mittlerer Stufe verrühren.
5. Waffeleisen vorheizen und leicht einfetten.
6. Für jede Waffel etwa 2-3 EL Teig in das Waffeleisen geben.
7. Teig mit dem Esslöffel verstreichen, die Waffeln goldgelb ausbacken.
8. Servieren und genießen!

-Tipp: Die Mandeln kannst du auch durch Haselnüsse ersetzen.

Waffeln ohne Zucker

30

(acht Waffeln)

Zutaten:

- 100 g Butter
- 2 Eier
- 220 g Weizenmehl
- ½ Pck Backpulver
- 250 ml Milch
- 1 Zitrone (Bio)
- 125 g Apfelmark

Zubereitung:

1. Butter in einer Rührschüssel mit einem Mixer geschmeidig rühren.
2. Eier auf höchster Stufe unterrühren.
3. Zitrone heiß abwaschen und den Abrieb einer halben Zitrone hinzugeben.
4. Mehl mit dem Backpulver mischen und abwechselnd mit der Milch in 2 Portionen kurz auf mittlerer Stufe unterrühren.
5. Apfelmark unterheben.
6. Waffeleisen vorheizen und leicht einfetten.
7. Für jede Waffel etwa 2 Esslöffel Teig in das Waffeleisen geben und die Waffeln goldgelb ausbacken.
8. Servieren und genießen!

-Tipp: Wahlweise kannst du die abgeriebene Zitrone auch durch 1 Fläschchen Zitronenaroma ersetzen.

Haselnuss-Waffeln ohne Zucker

(acht Waffeln)

Zutaten:

- 3 Eier
- 250 ml Milch
- 75 g Xylit
- 75 g Butter
- 180 g Mehl
- 1 TL Vanillezucker
- 1 Pck Backpulver
- 75 g gehackte Haselnüsse

Zubereitung:

1. Eier, Xylit, Vanillezucker und Butter in eine Schüssel geben und alles gut miteinander verrühren.
2. Milch, Mehl und Backpulver hinzufügen und alle Zutaten vermengen, bis eine cremige Masse entsteht.
3. Gehackte Haselnüsse unterrühren.
4. Waffeleisen vorheizen und leicht einfetten.
5. Waffeln anschließend im eingepinselten Waffeleisen ausbacken.
6. Servieren und genießen!

-Tipp: Als Alternative zu Nüssen kannst du auch 75 g getrocknete Früchte verwenden.

Waffeln ohne Butter

(acht Waffeln)

Zutaten:

- 2 Eier
- 50 g Zucker
- 1 Pck Vanillezucker
- 1 Pr Salz
- 125 ml Öl
- 225 g Mehl
- 1 ½ TL Backpulver
- 300 ml Milch
- Puderzucker

Zubereitung:

1. Eier mit einem Mixer ca. 2 Min. mixen.
2. Zucker, Vanillezucker und Salz hinzugeben und die Masse cremig rühren.
3. Öl unterrühren.
4. Mehl und Backpulver mischen und abwechselnd mit der Milch unterrühren.
5. Waffeleisen vorheizen und leicht einfetten.
6. Ca. 2-3 EL Waffelteig hineingeben und die Waffeln ausbacken, bis sie goldbraun sind.
7. Fertige Waffeln auf ein Kuchengitter legen.
8. Waffeln nach Belieben mit Puderzucker bestäuben.
9. Servieren und genießen!

-Tipp: Damit die Waffeln schön knusprig bleiben, einfach nebeneinander auf ein Backrost legen und im Backofen warmhalten.

Waffeln ohne Laktose

(acht Waffeln)

Zutaten:

- 125 Margarine aus Sojaöl
- 3 Eier
- 50 g Zucker
- 1 Pr Salz
- 100 g Mehl
- 100 ml laktosefreie Milch
- 1 Pck Vanillezucker

Zubereitung:

1. Margarine, Eier, Zucker, Salz und Vanillezucker gut mixen, bis eine cremige Masse entsteht.
2. Abwechselnd Mehl und Milch hinzugeben.
3. Waffeleisen gut vorheizen und leicht einfetten.
4. Waffelteig goldbraun ausbacken.
5. Servieren und genießen!

-Tipp: Als Topping empfehlen wir frische Erdbeeren mit Schokosoße.

Jahreszeiten

Frühlingshafte Apfel-Waffeln

(vier Waffeln)

Zutaten:

- 1 Apfel
- 120 g Maisstärke
- 120 g Klebreismehl
- 160 ml Wasser
- Öl für das Waffeleisen

Zubereitung:

1. Mehl mit der Stärke und dem Wasser in einer Schüssel verrühren und für 10 Min. ziehen lassen.
2. Apfel schälen und in feine Würfel schneiden.
3. Apfelstücke unter den Teig rühren.
4. Waffeleisen vorheizen und leicht einfetten.
5. Teig portionsweise in das Waffeleisen geben und die Waffeln bei niedriger Hitze ausbacken.
6. Servieren und genießen!

-Tipp: Das Rezept funktioniert selbstverständlich auch wunderbar mit Birnen! Achte unbedingt auf die Qualität der Äpfel - wir empfehlen Bio-Äpfel vom Bioladen oder Wochenmarkt. Bei Menschen, die mit Neurodermitis zu kämpfen haben, eignen sich Dinkelmehl und flüssiger Honig als perfekte Alternative.

Frühlingshafte Spinat-Waffeln mit Spargel

(acht Waffeln)

Zutaten:

- 100 g frischer Spinat
- 6 Eier
- 200 g Ziegenkäse
- 250 g Dinkelmehl
- 1 ½ TL Backpulver
- 2 Pr Salz / 1 Pr Pfeffer
- 75 ml Mineralwasser mit Kohlensäure
- ½ Bio Zitrone
- 500 g weißer Spargel
- 2 EL Butter
- 2 EL Pinienkerne

Zubereitung:

1. Den Ziegenkäse reiben und in eine kleine Schüssel geben.
2. Spinat putzen, waschen und trocknen und in eine große Schüssel geben.
3. Eier hinzugeben und fein pürieren.
4. Mehl, Backpulver, Salz und Pfeffer hinzufügen und den Teig glatt rühren.
5. Mineralwasser und Käse unterheben und Teig beiseitestellen.
6. Zitrone heiß abwaschen, trocknen, Schale abreiben und Saft auspressen.
7. Spargel schälen und die holzigen Enden entfernen.
8. Wasser in einem Topf zum Kochen bringen.
9. Das kochende Wasser salzen und etwas Zitronensaft dazugeben.
10. Spargel darin etwa 15 Min. garen lassen.
11. Zitronenschale in die Pfanne geben und kurz durchschwenken.
12. Pinienkerne hinzugeben und für 3–4 Min. anrösten.
13. Waffeleisen vorheizen, einfetten und Waffeln goldbraun ausbacken.
14. Waffeln mit Spargel und Pinienkernen servieren und genießen!

-Tipp: Das Auge isst mit! Rolle die Spargelstange in die Herzwaffel und fixiere sie mit einem Zahnstocher.

Frühlingshafte Bärlauch-Waffeln

(fünf Waffeln)

Zutaten:

- 2 Handvoll Bärlauch
- 1 Paprikaschote, rot, fein gehackt
- 120 ml Gemüsebrühe
- 150 g Butter
- 4 Eier
- 250 g Mehl
- 1 TL Backpulver
- 1 Pr Salz
- 1 Pr Pfeffer
- Fett für das Waffeleisen

Zubereitung:

1. Gemüsebrühe in einem Topf erhitzen und abkühlen lassen.
2. Butter mit den Eiern schaumig schlagen.
3. Mehl mit dem Backpulver, etwas Salz und Pfeffer vermischen.
4. Mehlmischung mit der Eiermasse unterrühren.
5. Bärlauch abwaschen mit der fein gehackten Paprika in den Waffelteig geben.
6. Teig etwas ruhen lassen.
7. Waffeleisen vorheizen und etwas einfetten.
8. Waffeln goldbraun ausbacken.
9. Servieren und genießen!

-Tipp: Zu den herzhaften Waffeln passt ideal ein frischer Salat mit Kräutern aus dem Garten.

Sommerliche Kokos-Waffeln

(zwölf Waffeln)

Zutaten:

- 100 g Butter
- 100 g Honig
- 4 Eier, getrennt
- 1 Pck Vanillezucker
- 1 Pr Salz
- 1 TL Zitronensaft
- 250 g Mehl
- 100 g Kokosraspel
- 1 Pck Backpulver
- 350 ml Milch

Zubereitung:

1. Eigelb mit Butter und Honig schaumig schlagen.
2. Vanillezucker und Zitronensaft dazugeben.
3. Mehl mit Backpulver, Kokosraspeln und Salz vermischen und abwechselnd mit der Milch unterrühren.
4. Eiweiß steif schlagen und unterheben.
5. Waffeleisen vorheizen und etwas einfetten.
6. Teig im Waffeleisen goldbraun ausbacken.
7. Servieren und genießen!

-Tipp: Du kannst alternativ Kokosmilch statt Milch und Kokosblütensirup oder Agavendicksaft statt Honig verwenden. Frisches Obst oder Zimt und Zucker eignen sich als Topping!

Sommerliche Waffel-Torte mit Erdbeeren

(neun Waffeln)

Zutaten:

- 250 ml Milch
- 350 g Mehl
- 125 g Butter
- 3 Eier
- 80 g Zucker
- 1 Pck Vanillezucker
- 1 Pr Salz
- 1 Pck Backpulver
- 200 ml Sahne
- 1 Pck Sahnesteif
- 1 Pck Vanillezucker
- 500 g Quark (Erdbeerquark)
- 500 g Erdbeeren

Zubereitung:

1. Butter, Zucker, Vanillezucker, Salz und Eier in einer Schüssel mixen.
2. Backpulver und Mehl dazugeben.
3. Alles gut verrühren und Milch nach und nach in die Masse geben, bis sich alle Zutaten gut miteinander verbunden haben.
4. Waffeleisen vorheizen und leicht einfetten.
5. Waffelteig auf mittlerer Stufe im Waffeleisen goldbraun ausbacken.
6. Sahne mit Sahnesteif und Vanillezucker steif schlagen und den Quark unterheben.
7. Auf jede Waffel eine Schicht Erdbeercreme geben.
8. An die Seiten rundherum in Scheiben geschnittene Erdbeeren geben, sodass diese etwas überlappend über die Waffeln hinausschauen.
9. Auf den Erdbeeren eine dünne Schicht Creme verteilen und eine neue Waffel darüberlegen.
10. Wiederholen, bis Waffeln und Creme aufgebraucht sind.
11. Mit Puderzucker und Erdbeeren dekorieren.

-Tipp: Die Sahne kann mit fettreduzierter Pflanzencreme ersetzt werden und der Erdbeerquark durch Magerquark.

Herbstliche Kürbis-Waffeln

(zwölf Waffeln)

Zutaten:

- 200 g Kürbis
- 120 g Butter
- 75 g Zucker
- 1 Pck Vanillezucker
- 3 Eier
- 250 g Mehl
- 1 Pck Backpulver
- Fett für das Waffeleisen

Zubereitung:

1. Kürbis mit einem Pürierstab pürieren.
2. Butter mit dem Zucker und dem Vanillezucker schaumig schlagen.
3. Eier, Mehl und Backpulver unterrühren und danach nur noch das Kürbispüree dazugeben.
4. Waffeleisen vorheizen und leicht einfetten.
5. Jeweils ca. 3 EL Teig in die Mitte des gefetteten Waffeleisens geben.
6. Waffeln für ca. 2 – 3 Min. ausbacken.
7. Servieren und genießen!

-Tipp: Die Waffeln können sowohl mit süßem als auch mit herzhaftem Topping verfeinert werden. Unsere Topping-Empfehlungen: Feta, Nüsse, Trauben, Rote Bete

Lebkuchen-Christmas-Waffeln

(zwölf Waffeln)

Zutaten:

- 200 g Butter
- 130 g Zucker
- 50 g Honig
- 3 TL Lebkuchengewürz
- 4 Eier
- 340 g Mehl
- 4 TL Backpulver
- 250 ml Milch

Zubereitung:

1. Butter, Zucker, Honig, Mehl, Backpulver und Lebkuchengewürz in eine große Schüssel geben und gut vermischen.
2. Eier schaumig schlagen und unterrühren.
3. Milch nach und nach dazugeben und solange mixen, bis ein cremiger Teig entsteht.
4. Waffeleisen vorheizen und leicht einfetten.
5. Teig portionsweise in das Waffeleisen geben.
6. Waffeln goldbraun ausbacken.
7. Servieren und genießen!

-Tipp: Als Topping eignen sich besonders in der Weihnachtszeit heiße Kirschen oder heiße Pflaumen.

New Years Prosecco-Granatapfel-Waffeln

30

(acht Waffeln)

Zutaten:

- 100 g Butter
- 100 g Zucker
- 1 Pr Salz
- 2 EL Vanillezucker
- 2 Eier
- 200 g Mehl
- 2 TL Backpulver
- 200 ml Prosecco

Granatapfelsahne:

- 230 g Sahne
- 2 TL Puderzucker
- 100 g Granatapfelkerne

Zubereitung:

1. Butter, Zucker, Vanillezucker, Eier und etwas Salz mit einem Mixer cremig rühren.
2. Mehl und das Backpulver dazugeben und alles gut vermischen.
3. Prosecco vorsichtig dazugeben, sodass eine zähe Teigmasse entsteht.
4. Teig für einige Min. ziehen lassen.
5. Für die Granatapfelsahne die Granatapfelkerne, Sahne und Puderzucker mit einem Rührgerät schaumig schlagen.
6. Waffeleisen vorheizen und einfetten.
7. Waffeln im Waffeleisen goldbraun ausbacken.
8. Servieren und Genießen!

-Tipp: Für eine extravagante Neujahrsfeier kannst du als Topping etwas Blattgold hinzugeben.

Weihnachtliche Waffel-Plätzchen

(dreißig Waffelplätzchen)

Zutaten:

- 150 ml Milch
- 500 g Weizenmehl
- 1 Pck Trockenhefe
- 3 EL Zucker
- 1 Pr Salz
- 3 Eier
- 50 g Hagelzucker
- Speiseöl zum Einfetten

Zubereitung:

1. Milch in einem Topf auf etwa 50 °C erwärmen und den Topf vom Herd nehmen.
2. Weizenmehl mit 1 Päckchen Trockenbackhefe vermischen.
3. Zucker und eine Prise Salz hinzugeben.
4. Eier und warme Milch dazugeben.
5. Alle Zutaten mit den Knethaken des Mixers zu einem einheitlichen Teig verarbeiten.
6. 50 g Hagelzucker in den Teig einkneten.
7. Teig mit einem Geschirrtuch abdecken und für 45 Min. aufgehen lassen.
8. Waffeleisen auf höchster Stufe vorheizen. Zum Backen auf mittlere Stufe zurückdrehen.
9. Teig aus der Rührschüssel nehmen und in etwa 30 gleich große Portionen teilen.
10. Eine Portion Teig je Herzwaffel in das Waffeleisen geben und das Waffeleisen herunterdrücken.
11. Waffelplätzchen für etwa 3 Min. ausbacken, bis sie knusprig sind.
12. Servieren und genießen!

-Tipp: Als Alternative zu Hagelzucker können wir weiße Kuvertüre empfehlen auf den Waffel-Plätzchen.

Haselnuss-Zimt-Waffeln

(acht Waffeln)

Zutaten:

- 120 g Butter
- 2 Eier
- 100 g Zucker
- 1 Pck Vanillezucker
- 100 g Haselnüsse, gemahlen
- 225 g Mehl
- 2 TL Zimt
- 1 Pr Salz
- 1 TL Backpulver
- 125 ml Milch
- Fett für das Waffeleisen

Zubereitung:

1. Butter, Zucker, Vanillezucker und die Eier schaumig schlagen.
2. Die restlichen Zutaten bis auf die Milch zunächst vermischen und dann unter das Butter-Zucker-Eier-Gemisch rühren.
3. Milch dazugeben, bis der Teig gut fließfähig ist.
4. Waffeleisen vorheizen und leicht einfetten.
5. Den Teig portionsweise im Waffeleisen ausbacken.
6. Servieren und genießen!

-Tipp: Wir empfehlen als Topping karamellisierte Birnenspalten oder Äpfel. Probiere es gerne aus!

Mit Alkohol

Waffeln mit Eierlikör

20

(sechs Waffeln)

Zutaten:

- 2 Eier
- 100 g Zucker
- 1 Pck Vanillezucker
- 100 g weiche Butter
- 100 ml Eierlikör
- 120 g Mehl
- 1 TL Backpulver

Zubereitung:

1. Zucker, Vanillezucker und die Eier mit dem Mixer auf höchster Stufe zu einer schaumigen Masse mischen.
2. Weiche Butter und Eierlikör hinzufügen und die Masse vermengen.
3. Mehl und Backpulver hinzugeben und alles gut durchmixen.
4. Waffeleisen vorheizen und leicht einfetten.
5. Waffeln nacheinander mit jeweils 3-4 EL Teig ausbacken.
6. Servieren und genießen!

-Tipp: Gebe als Topping Eierlikör und Erdbeeren dazu, damit der Geschmack vom Eierlikör noch besser zur Geltung kommt.

30

Haselnuss-Sahnelikör-Waffeln

(zehn Waffeln)

Zutaten:

- 200 g weiche Butter
- 100 g Speisestärke
- 150 g Zucker
- 2 Pck Vanillezucker
- 3 Eier
- 125 ml Haselnuss-Sahnelikör
- 150 g Mehl
- etwas Öl zum Einfetten
- 200 g Schlagsahne zum Servieren

Zubereitung:

1. Butter, Speisestärke, Eier, Zucker und Vanillezucker mit einem Mixer schaumig schlagen.
2. Eier und 100 ml Haselnuss-Sahnelikör nacheinander unterrühren.
3. Mehl hinzugeben und weiter rühren, bis ein glatter Teig entsteht.
4. Waffeleisen vorheizen und leicht einfetten.
5. Die Waffeln nacheinander goldbraun ausbacken und auf ein Kuchengitter legen.
6. Die Sahne steif schlagen.
7. Waffeln mit dem restlichen Haselnusslikör beträufeln und mit einem Klecks geschlagener Sahne servieren.

-Tipp: Trinke zu den Waffeln 2 cl Haselnuss-Sahnelikör. Ein Traum!

Amaretto-Waffeln

(fünf Waffeln)

Zutaten:

- 250 g Mehl
- ½ Pck Backpulver
- 90 g Zucker
- 1 Pck Vanillezucker
- 1 Pr Salz
- 3 Eier
- 150 ml Milch
- 100 ml Mineralwasser
- 2 cl Amaretto
- 120 g Butter

Zubereitung:

1. Eier mit Butter, Vanillezucker und dem Zucker schaumig rühren.
2. Mehl mit dem Backpulver mischen und eine Prise Salz dazugeben.
3. Abwechselnd mit Milch und dem Wasser unter die Zucker-Ei-Mischung rühren.
4. Den Amaretto unterschlagen.
5. Waffelteig ca. 1 Stunde ziehen lassen.
6. Waffeleisen vorheizen und leicht einfetten.
7. Waffeln im vorgeheizten Waffeleisen ausbacken.
8. Servieren und genießen!

-Tipp: Unsere Topping-Empfehlung ist bei diesem Rezept selbstgemachtes Apfelmus.

Glühwein-Waffeln

(acht Waffeln)

Zutaten:

- 1 Stck Orangenschale
- 1 Stck Zitronenschale
- 120 g Zucker
- 140 g Butter
- 4 Eier
- 120 ml Glühwein
- 2 Pr Piment
- ½ TL Ingwer, gemahlen
- 1 TL Zimt
- 300 g Mehl
- ½ TL Backpulver

Zubereitung:

1. Eier schaumig schlagen und Zucker, Backpulver und Mehl dazugeben.
2. Butter in einem Topf so lange erwärmen, bis sie flüssig ist.
3. Die Eimasse weiter rühren und die flüssige Butter unterziehen.
4. Alle anderen Zutaten dazugeben und zu einem glatten Teig rühren.
5. Waffeleisen vorheizen und leicht einfetten.
6. Waffelteig knusprig ausbacken
7. Servieren und genießen!

-Tipp: Für das Rezept ist nicht zwingend Glühwein erforderlich, du kannst natürlich auch normalen Rotwein verwenden.

Waffeln mit Rum

(sechs Waffeln)

Zutaten:

- 200 g Butter
- 4 Eier
- 150 g Zucker
- 300 g Mehl
- 1 EL Rum
- 1 Pck Vanillezucker
- ½ Pck Backpulver
- 150 ml Wasser

Zubereitung:

1. Zunächst die Butter mit dem Vanillezucker und dem Zucker in eine Schüssel geben und schaumig rühren.
2. Anschließend Eier und Rum dazugeben und weiter rühren.
3. Mehl mit dem Backpulver vermischen und nach und nach zu dem Teig geben.
4. Zum Schluss noch Wasser dazugeben und untermixen.
5. Waffeleisen vorheizen und leicht einfetten.
6. Waffeln anschließend wie gewohnt im Waffeleisen goldbraun ausbacken.
7. Servieren und genießen!

-Tipp: Gebe zum Waffelteig etwas Zitronenschalenabrieb, damit die Waffeln eine fruchtige Note bekommen.

Pfirsich-Maracuja-Likör-Waffeln

(sechs Waffeln)

Zutaten:

- 150 ml Pfirsich-Maracuja Likör
- 100 g Butter
- 100 g Zucker
- 4 Eier
- 370 g Mehl
- 1 Pr Natron
- 250 ml Buttermilch
- Öl für das Waffeleisen

Zubereitung:

1. Weiche Butter mit dem Zucker schaumig schlagen.
2. Eier und den Likör nach und nach unterrühren.
3. Buttermilch ebenfalls unterrühren.
4. Das Mehl mit dem Natron mischen und die Mischung unter den Teig heben.
5. Waffeleisen vorheizen und leicht einfetten.
6. Die Waffeln im Waffeleisen goldbraun ausbacken.
7. Servieren und genießen!

-Tipp: Zu diesem Rezept passt Schlagsahne hervorragend. Einfach Schlagsahne mit Vanillezucker steif schlagen und etwas Likör dazugeben.

Riesling Waffeln mit Heidelbeeren

(acht Waffeln)

Zutaten:

- 250 g Heidelbeeren
- 5 EL Heidelbeerkonfitüre
- 1 Orangenschalenabrieb (Bio)
- 100 g Zucker
- 125 g Butter
- 1 Pck Vanillezucker
- 1 Pr Salz
- Vanille, gemahlen
- 4 Eier + 1 Eigelb
- ½ Pck Backpulver
- 100 ml Milch
- 100 g Schlagsahne
- 150 ml Weißwein (trockener Riesling)
- Saft von ½ Zitrone

Zubereitung:

1. Heidelbeeren waschen und abtropfen lassen und anschließend mit der Konfitüre für ca. 3 Min. aufkochen lassen.
2. Für den Waffelteig die Orangenschale, Butter, Zucker, Vanillezucker und eine Prise Salz in eine Schüssel geben und alles cremig rühren.
3. Anschließend 3 Eier nacheinander unterrühren.
4. Mehl und Backpulver mischen, im Wechsel mit Milch und Sahne unterrühren.
5. Waffeln im Waffeleisen ausbacken.
6. Für die Soße 1 Ei, Eigelb, 50 g Zucker, Wein und Zitronensaft in einer Schüssel verrühren und in ein heißes Wasserbad stellen.
7. Masse mit einem Schneebesen für ca. 10 Min. schaumig schlagen. Am Ende etwas gemahlene Vanille unterrühren.
8. Zusammen mit den Waffeln servieren und genießen!

-Tipp: Für die Soße kannst du alternativ auch einen trockenen Silvaner oder Traminer verwenden.

Gaumenkönig

Fruchtiger Waffelauflauf

90

(zwei Portionen)

Zutaten Waffeln:

- 3 Eier
- 125 g Zucker
- 1 Pck Vanillezucker
- 125 g Margarine
- 1 TL Backpulver
- 250 g Mehl
- 250 ml Milch
- 1 Prise Salz
- 250 g Obst

Soße:

- 2 Eier
- 2 EL Zucker
- 250 ml Milch
- 50 ml Sahne
- 1 Pck Vanillezucker
- 50 g Puddingpulver Vanille
- Einige Butterflocken

Zubereitung:

1. Für die Waffeln Eier, Zucker und Vanillezucker mit einem Mixer auf höchster Stufe verrühren.
2. Margarine hinzufügen und kurz vermengen.
3. Backpulver, Mehl, Milch und Salz gemeinsam hinzufügen und den Teig gut durchmixen.
4. Waffeln portionsweise im gefetteten Waffeleisen goldgelb ausbacken.
5. Obst in mundgerechte Stücke schneiden.
6. Den Ofen auf 180 °C Ober-/Unterhitze vorheizen.
7. Waffeln teilen und abwechselnd mit dem Obst in einer Auflaufform schichten.
8. Für die Soße die Eier mit Zucker, Milch, Sahne, Vanillezucker und Puddingpulver gut verrühren und über die Waffeln gießen.
9. Butterflöckchen darauf verteilen.

10. Den Auflauf für 35 - 45 Min. auf der mittleren Schiene backen, bis die Waffeln knusprig sind.
11. Servieren und genießen!

-Tipp: Mache von deinem Lieblingswaffelrezept doch einfach die doppelte Menge und friere die Hälfte ein.

Marzipan-Waffeln mit Vanille-Sahne

(zwölf Waffeln)

Zutaten:

- 125 g kalte Marzipanrohmasse
- 150 g weiche Butter
- 50 g Zucker
- 1 Pr Salz
- 1 Pck Vanillezucker
- 4 Eier
- 250 g Mehl
- ½ Pck Backpulver
- 200 ml Milch
- 250 g Schlagsahne
- Öl für das Waffeleisen
- Puderzucker zum Bestäuben

Zubereitung:

1. Marzipan fein reiben.
2. Butter, Marzipan, Zucker und 1 Prise Salz mit dem Mixer cremig rühren.
3. Eier einzeln unterrühren.
4. Mehl und Backpulver in einer separaten Schüssel vermischen.
5. Abwechselnd mit Milch und 125 g Sahne unterrühren.
6. Waffeleisen vorheizen und dünn mit Öl einstreichen.
7. Jeweils ca. 2-3 EL Teig in das Waffeleisen geben und die Waffeln nacheinander ausbacken.
8. 125 g Sahne steif schlagen und Vanillezucker dazugeben.
9. Waffeln mit Puderzucker bestäuben und mit der Vanille-Sahne beträufeln.
10. Servieren und genießen!

-Tipp: Stachelbeeren als Topping eignen sich sehr gut in der Kombination mit Marzipan und Vanille-Sahne.

Buttermilch-Mandelmus-Sandwich

(vier Waffeln)

Zutaten:

- 125 g Margarine
- 50 g Zucker
- 1 Pck Vanillezucker
- 4 Eier, getrennt
- 250 g Mehl
- 1 TL Backpulver
- 1 Pr Salz
- 250 ml Buttermilch
- Öl zum Einfetten

Topping:

- 50 g Mandelmus
- Öl zum Einfetten

Zubereitung:

1. Margarine, Zucker, Vanillezucker, Eigelbe zu einem Rührteig mischen.
2. Mehl und Backpulver langsam hinzufügen.
3. Eiweiß mit dem Salz steif schlagen.
4. Buttermilch langsam hinzufügen und rühren bis ein glatter Teig entsteht.
5. Den Teig im vorgeheizten, eingefetteten Waffeleisen goldbraun ausbacken.
6. Jeweils aus 2 Waffeln und einem Klecks Mandelmus ein Sandwich herstellen.
7. Servieren und genießen!

-Tipp: Krokant-Streusel auf dem Mandelmus runden das Sandwich so richtig ab. Einfach lecker!

Brownie-Waffeln

(sechs Waffeln)

Zutaten:

- 100 g Zartbitterschokolade
- 125 g Butter
- 3 Eier
- 100 g Zucker
- 1 Pck Vanillezucker
- 130 g Mehl
- 1 TL Backpulver
- 50 g Backkakao
- 75 ml Sahne
- 100 ml Milch
- Öl für das Waffeleisen

Zubereitung:

1. Schokolade zerbrechen und mit der Butter über dem warmen Wasserbad zerschmelzen lassen.
2. Zur Seite stellen und abkühlen lassen.
3. Eier mit einem Mixer cremig rühren.
4. Zucker und Vanillezucker hinzufügen und alles zu einer cremigen Masse verrühren.
5. Mehl, Kakao und Backpulver in eine separate Schüssel geben.
6. Mehl-Mix, Sahne und Milch auf niedriger Stufe abwechselnd unter den Teig heben.
7. Flüssige Schokolade unterrühren.
8. Waffeleisen vorheizen und leicht einfetten.
9. Je Waffel etwa 1 EL des Teiges in die Mitte des Waffeleisens geben und bei mittlerer Hitze ca. 3 Min. ausbacken.
10. Servieren und genießen!

-Tipp: Serviere die Brownie-Waffeln mit einer Kugel Walnusseis oder Vanilleeis.

Bubble-Waffeln

(sechs Waffeln)

Hinweis: Für dieses Rezept benötigst du ein Bubble-Waffeleisen.

Zutaten:

- 100 g Zucker
- 100 g Margarine
- 225 g Mehl
- 3 Eier, getrennt
- 200 ml Milch
- 1 TL Backpulver
- 1 Pr Salz
- 1 TL Speisestärke

Topping:

- 2 Lieblingsschokoriegel

Zubereitung:

1. Eier trennen und das Eigelb mit Zucker und Margarine in eine Schüssel geben.
2. Mehl, Backpulver und Stärke in einer weiteren Schüssel sieben
3. Milch und das Mehl-Gemisch abwechselnd unterrühren und zum Teig hinzufügen.
4. Eiweiß mit einer Prise Salz steif schlagen.
5. Eiweiß unter den Teig heben, bis eine glatte Masse entsteht.
6. Bubble-Waffeleisen vorheizen und den Teig ausbacken.
7. Deine Lieblingsschokoriegel in Stücke schneiden und die Bubble Waffel damit belegen.

-Tipp: Im Internet findest du Anleitungen, wie du dir aus Backpapier ganz einfach deine eigenen Tüten für Bubble-Waffeln herstellen kannst.

Banana-Split-Waffeln

120

(sechs Waffeln)

Zutaten:

- 1 EL Zucker
- Pck. Vanillezucker
- 150 g Mehl
- 1 TL Trockenhefe
- 1 Pr Salz
- 4 EL Milch
- 1 Ei
- 100 g Zartbitterschokolade
- 1 EL Hagelzucker
- Fett für das Waffeleisen
- 50 ml Schlagsahne
- 2 Bananen
- 6 Kugeln Stracciatella Eis

Zubereitung:

1. Zucker, Vanillezucker, Mehl, Hefe und 1 Prise Salz in eine Schüssel geben und alles vermischen.
2. Milch und das Ei hinzufügen.
3. Mit dem Mixer alles verkneten, bis ein glatter Teig entsteht.
4. Den Teig zugedeckt an einem warmen Ort ca. 1 Stunde gehen lassen.
5. 50 g Schokolade hacken und mit Hagelzucker unter den Teig heben.
6. Den Teig zu 6 gleich großen Kugeln formen.
7. Nochmals zugedeckt für ca. 30 Min. gehen lassen.
8. Waffeleisen erhitzen und leicht einfetten.
9. Teigkugeln im Waffeleisen portionsweise goldbraun ausbacken.
10. Sahne erhitzen und die übrige Schokolade in der Sahne schmelzen lassen.
11. 2 Bananen schälen und in Scheiben schneiden.
12. Die warmen Waffeln mit jeweils 1 Kugel Eis, einigen Bananenscheiben und etwas Schokoladensoße anrichten.

-Tipp: Wir empfehlen als Alternative zum Stracciatella Eis die Sorten "Salted Caramel" oder "Cookie Dough".

Schwarzwälder Waffelturm

(acht Waffeln)

Zutaten:

- 250 g weiche Butter
- 125 g Zucker
- 1 Pck Vanillezucker
- 5 Eier
- 400 g Mehl
- 50 g Speisestärke
- 200 g Milch
- 50 g Kirschwasser
- 75 ml Mineralwasser
- 40 g Kakaopulver
- Schlagsahne zum dekorieren

Toppings:

- 350 g Sauerkirschen (Abtropfgewicht)
- ½ Pck Vanillezucker
- 15 g Speisestärke

Zubereitung:

1. Kirschen abgießen und das Kirschwasser in einem Topf auffangen.
2. 15 g Speisestärke des Toppings und den ½ Pck Vanillezucker hinzugeben.
3. Alles unter Rühren aufkochen.
4. Topf von der Platte nehmen und abkühlen lassen.
5. Butter, Zucker, Vanillezucker und Eier in eine Schüssel geben und alles gut durchmixen.
6. Mehl, Speisestärke, Milch, Kirschwasser, Mineralwasser und Kakao hinzufügen und alles zu einem glatten Teig vermengen.
7. Waffeln nacheinander ausbacken.
8. Abwechselnd mit Kirschen und Sahne zu einem Waffel-Turm schichten.

-Tipp: Falls etwas von dem Kirschsaft übrigbleibt, kannst du diesen perfekt für einen Smoothie verwenden.

Kartoffel-Lachs-Waffeln

80

(acht Waffeln)

Zutaten:

- 200 g mehlig kochende Kartoffeln
- 200 g Dinkelmehl
- 1 ½ TL Backpulver
- 2 Eier
- 2 EL Rapsöl
- 250 ml Milch (1,5 % Fett)

Salat:

- 1 Bund Petersilie
- ½ Salatgurke
- 1 Knolle Fenchel
- 1 rote Zwiebel
- Salz
- Pfeffer
- ½ Bio-Zitrone
- 1 TL Olivenöl
- 250 g Räucherlachs
- 100 g Rucola

Zubereitung:

1. Kartoffeln schälen, waschen und in kochendem Salzwasser 25–30 Min. garen lassen.
2. Petersilie waschen, trocknen lassen und fein hacken.
3. Gurke waschen und mit einem Sparschäler in feine Streifen schälen, spare das wässrige Innere dabei aus.
4. Fenchel waschen und halbieren, Strunk herausschneiden und den Fenchel in feine Scheiben hobeln.
5. Zwiebel schälen und in feine Ringe schneiden.
6. Gurke, Fenchel, Zwiebel und Petersilie in einer Schüssel vermischen.
7. Alles mit Salz und Pfeffer würzen und mit dem Saft einer halben Zitrone und Olivenöl vermengen.
8. Kartoffeln abgießen und für ca. 10 Min. ausdampfen lassen.
9. Kartoffeln pellen und durch eine Kartoffelpresse drücken.

10. In einer separaten Schüssel Mehl mit Backpulver und 1 Prise Salz mischen und alles mit Eiern, Rapsöl, Zitronenschale und Milch glattrühren.
11. Kartoffeln untermischen.
12. Waffeleisen vorheizen und 2–3 Esslöffel Teig hineingeben.
13. Den Waffelteig nacheinander zu etwa 8 goldbraunen Waffeln ausbacken.
14. Rucola waschen und trocknen lassen.
15. Waffeln mit Lachsscheiben und Gurken-Fenchel-Salat anrichten und mit Rucola garnieren.
16. Guten Appetit!

-Tipp: Solltest du keine Kartoffelpresse im Haus haben, kannst du die Kartoffeln auch stampfen oder mixen.

Käsekuchen-Waffeln

(acht Waffeln)

Zutaten:

- 450 g Frischkäse
- 4 Eier
- 100 g Zucker
- 1 Bio-Zitrone
- 1 TL Vanilleextrakt
- 150 g Mehl
- 1 TL Backpulver
- 1 Pr Salz
- etwas Öl zum Einfetten
- Puderzucker zum Bestäuben

Zubereitung:

1. Zitrone unter heißem Wasser abwaschen.
2. Schale abreiben und den Saft einer halben Zitrone auspressen.
3. Mit dem Mixer Frischkäse, Eier, Zitronensaft, Zucker und Vanilleextrakt zu einem Teig vermischen.
4. Mehl, Backpulver, abgeriebene Zitronenschale und Salz in eine separate Schüssel geben.
5. Mehl-Mischung langsam zum Teig hinzugeben.
6. Waffeleisen vorheizen und mit etwas Öl einfetten.
7. 2-3 Esslöffel in das Waffeleisen geben und die Waffeln goldbraun ausbacken.
8. Waffeln zum Verzehr mit Puderzucker anrichten.
9. Servieren und genießen!

-Tipp: Als Topping kannst du gerne heiße Kirschen servieren oder etwas Schokoladensoße.

Lütticher Waffeln

(acht Waffeln)

Zutaten:

- 75 g Butter
- 1 Vanilleschote
- 300 g Mehl
- 50 g Zucker
- 1 Pr Salz
- 150 ml Milch
- ½ Würfel frische Hefe
- 2 Eier
- 125 g Hagelzucker
- Etwas Öl zum Einfetten

Zubereitung:

1. Butter schmelzen und etwas abkühlen lassen.
2. Mehl, Zucker und Salz in einer großen Schüssel vermischen.
3. Vanilleschote längs schneiden und das Mark herauskratzen. Mark in einen Kochtopf geben.
4. Milch mit Vanillemark lauwarm erwärmen.
5. Den Topf vom Herd nehmen und die Hefe hineinbröseln und auflösen lassen.
6. Hefemilch, Eier und Butter zur Mehlmischung dazugeben.
7. Den Teig mit dem Knethaken des Mixers zu einem geschmeidigen Teig kneten.
8. Den Teig zugedeckt an einem warmen Ort ca. 45 Min. gehen lassen.
9. 125 g Hagelzucker unter den Hefeteig kneten.
10. Waffeleisen vorheizen und dünn mit Öl ausstreichen.
11. Aus jeweils 2 EL Teig bei mittlerer Hitze nacheinander die Waffeln goldbraun ausbacken.
12. Waffeln mit etwas Hagelzucker bestreuen.
13. Servieren und genießen!

-Tipp: Originale Lütticher Waffeln werden in einem belgischen Waffeleisen gebacken.

Schoko-Früchte-Waffel-Turm

(für vier Waffeln)

Zutaten:

- 75 g weiche Butter
- 50 g Zucker
- 1 Pck Vanillezucker
- 1 Pr Salz
- 2 Eier
- 175 g Mehl
- 175 ml Milch
- 1 TL Backpulver
- 4 TL Kakaopulver
- 100 g Schlagsahne
- 2 Birnen
- 2 Bananen
- 100 g Vollmilch-Kuvertüre
- Fett für das Waffeleisen

Zubereitung:

1. Zuerst Butter, Zucker, Vanillinzucker und 1 Prise Salz mit dem Mixer cremig rühren.
2. Anschließend die Eier dazugeben. Mehl, Backpulver und Kakao vermischen und abwechselnd mit der Milch unter den Teig rühren.
3. Waffeleisen vorheizen und leicht einfetten.
4. Waffeln nacheinander goldbraun ausbacken.
5. Birnen waschen, entkernen, schälen und in Scheiben schneiden.
6. Bananen ebenfalls in Scheiben schneiden.
7. 100 g Sahne in einem Topf aufkochen, die Kuvertüre fein hacken und unterrühren. Schokosoße ca. 15 Min. auskühlen lassen und ca. 2–3 EL über die Waffeln gießen.
8. Abwechselnd eine Waffel mit einer Schicht Obst und 4 EL Schokosoße schichten, bis die Waffeln alle sind.

-Tipp: Wenn du den Waffelturm transportieren und zu etwas Besonderem machen willst, dann umhülle ihn mit einer Marzipandecke.

Kartoffel-Waffeln mit Kräuter-Dip

(für sechs Waffeln)

Zutaten:

- 1 Möhre
- 600 g Kartoffelpüree
- 150 g Dinkel-Vollkornmehl
- 1 Ei
- Salz nach Bedarf
- 1 Pr Pfeffer
- ½ TL Paprikapulver
- ¼ TL Oregano (getrocknet)

Dip:

- 250 g griechischer Joghurt
- 4 Stiele Petersilie

Zubereitung:

1. Petersilie waschen und trocknen lassen. Anschließend die Blättchen abzupfen und fein hacken.
2. Möhre waschen und mit einer Reibe fein raspeln.
3. Kartoffelbrei mit Mehl, Ei, Petersilie und geriebene Möhren mischen und Salz, Pfeffer, Paprikapulver und Oregano dazugeben.
4. Das Waffeleisen vorheizen und je 2–3 EL Teig hineingeben und die Waffeln goldbraun ausbacken.
5. Den Joghurt mit Salz, Pfeffer und Paprikapulver würzen.
6. Die Waffeln zusammen mit dem Dip servieren und genießen!

-Tipp: Koche am Vortag 500 g Kartoffeln mehr und gebe 50 g Milch, 50 g Butter und eine Prise Muskat mit den gekochten warmen Kartoffeln in einen Topf. Mixe alles gut durch und verwende das Püree als Basis für das Waffelrezept.

Kürbis-Waffeln mit Pilzen

80

(für vier Waffeln)

Zutaten:

- 300 g Kürbisfruchtfleisch (z. B. Hokkaidokürbis)
- 50 g flüssige Butter
- 1 Ei
- 150 ml Milch
- 100 g Maisgrieß (Polenta)
- 100 g Dinkel-Vollkornmehl
- 150 g Kräuterseitlinge
- 2 Schalotten
- 250 g Kirschtomaten
- 2 EL Olivenöl
- Salz
- ¼ TL getrockneter Thymian
- 5 g Basilikum

Zubereitung:

1. Kürbisfruchtfleisch fein hacken.
2. Butter, Ei und Milch gut verquirlen. Maisgrieß, Mehl und Kürbis unterheben und alles mit Salz würzen.
3. Den Teig für 15 Min. quellen lassen.
4. Pilze putzen und schneiden.
5. Schalotten schälen und fein hacken.
6. Tomaten waschen und schneiden.
7. 2–3 EL Teig in das vorgeheizte Waffeleisen geben und ausbacken.
8. Öl in einer Pfanne erhitzen und die Schalotten darin 2 Min. bei mittlerer Hitze andünsten.
9. Tomaten und Pilze dazugeben und für 4 Min. weiter dünsten lassen.
10. 3–4 EL Wasser dazugeben und für 2 Min. köcheln lassen.
11. Mit Salz, Pfeffer und Thymian abschmecken.
12. Waffeln mit dem Ragout und Basilikum servieren und genießen.

-Tipp: Die Pilzsorte können selbstverständlich variiert werden.

Gaumenkönig Award

Falls du bis hier gekommen bist, gratulieren wir dir zum Titel: Gaumenkönig!

Wir sind sehr gespannt, welche Rezepte dir am besten gefallen haben. Schicke uns doch gerne eine E-Mail an gaumenkoenig@gmail.com.

Wenn dir das Buch gefallen hat, freuen wir uns selbstverständlich auch über eine Bewertung und dein ehrliches Feedback, weil wir so die Qualität unserer Bücher konstant verbessern können.

Jetzt wünschen wir dir weiterhin viel Spaß beim Backen und hoffen darauf, dass deine Waffeln nie wieder anbrennen werden!

Köstliche Grüße

Dein Gaumenkönig Team

Haftungsausschluss

Die Umsetzung aller enthaltenen Informationen und Anleitungen dieses Werkes erfolgt auf eigenes Risiko. Für etwaige Schäden jeglicher Art kann der Autor aus keinem Rechtsgrund eine Haftung übernehmen. Für Schäden materieller oder ideeller Art, die durch die Nutzung oder Nichtnutzung der Informationen bzw. durch die Nutzung fehlerhafter und/oder unvollständiger Informationen verursacht wurden, sind Haftungsansprüche gegen den Autor grundsätzlich ausgeschlossen. Ausgeschlossen sind daher auch jegliche Rechts- und Schadensersatzansprüche. Dieses Werk wurde mit größter Sorgfalt nach bestem Wissen und Gewissen erarbeitet und niedergeschrieben. Für die Aktualität, Vollständigkeit und Qualität der Informationen übernimmt der Autor jedoch keinerlei Gewähr. Auch können Druckfehler und Falschinformationen nicht vollständig ausgeschlossen werden. Für fehlerhafte Angaben vom Autor kann keine juristische Verantwortung sowie Haftung in irgendeiner Form übernommen werden.

Urheberrecht

Impressum

1. Auflage

Impressum:

Robert Gräning

Von-Seht-Straße 33A

27478 Cuxhaven

Printed in Poland
by Amazon Fulfillment
Poland Sp. z o.o., Wrocław

86647087R00067